Historia de Japón

500 datos interesantes sobre Japón

Índice de contenidos

Introducción

La historia de Japón está llena de fascinantes acontecimientos culturales, económicos y políticos. Este libro se adentra en cada periodo de la **historia de Japón**, desde los inicios de la nación, en la prehistoria, hasta nuestros días, y examina los acontecimientos y las fuerzas que han impulsado hacia adelante a esta nación.

Comenzando por el **Japón prehistórico**, podrá hacerse una idea de cómo era la vida en la Antigüedad. Explore épocas como **el periodo Yayoi, el periodo Kofun y el periodo Asuka**.

Este libro también analiza acontecimientos importantes de la **historia de Japón**, como **la Restauración Meiji, la Constitución japonesa de 1947, el milagro económico de Japón** en la década de 1950 y mucho más.

Además, el libro habla de temas cruciales como **la crisis del petróleo de 1973, la burbuja de los años 80 y la «Década Perdida».** El libro concluye con una visión general de los cambios culturales posteriores al año 2000 y de la evolución política y las relaciones internacionales en nuestros días.

Haga un viaje en el tiempo y **explore más de dos mil años de historia japonesa**.

Japón prehistórico

Este capítulo se adentra en la cautivadora historia del Japón prehistórico. Explore veinte **hechos fascinantes sobre las creencias, herramientas y formas de arte** que se desarrollaron durante este periodo. Aprenda por qué las **armas de bronce** desempeñaron un papel importante en la guerra y cómo avanzaron las **técnicas de alfarería**. Todos estos aspectos tuvieron un profundo impacto en la sociedad japonesa de la época.

1. **La prehistoria de Japón duró desde aproximadamente el 35.000 a. C. hasta el 500 d. C.**

2. **El periodo más antiguo, el Paleolítico, finalizó alrededor del 13.000 a. C., dando lugar al periodo Jomon.** Después vino **el periodo Yayoi**, que comenzó alrededor del año 300 a. C. y finalizó alrededor del año 250 d. C. **El periodo Kofun**, por su parte, se extendió desde el año 250 d. C. hasta el 538 d. C.

3. **Los habitantes del Japón prehistórico** cazaban animales, recolectaban plantas y pescaban para alimentarse.

4. **Construían sus casas con paja y madera** o excavaban cuevas en la tierra llamadas casas foso.

5. **Las primeras piezas de cerámica de Japón estaban decoradas con dibujos en forma de cuerda**, lo que le dio su nombre «Jomon», que significa «marcas de cuerda». La primera de estas piezas en Japón se fabricó a principios del periodo Jomon, alrededor del 10.500 a. C.

6. Alrededor del año 1.000 a. C. **se introdujeron las armas de bronce, que se utilizaban** para cazar o luchar contra los enemigos.

7. **La cultura jomon fue descubierta por primera vez por los arqueólogos a finales del siglo XIX.**

8. **La primera gran excavación de un yacimiento jomon se llevó a cabo a principios del siglo XX en el yacimiento de Omori, en Tokio.** Esta excavación reveló un gran número de artefactos jomon, incluyendo cerámicas, estatuillas y herramientas de piedra.

9. **En esta época, los jomon tallaban símbolos llamados *kamiyo moji*** («caracteres de la edad de los dioses»). Probablemente no se trataba de letras, sino de símbolos de magia y protección.

10. **El cultivo del arroz comenzó a finales del período Jomon**, alrededor del 400 a. C.

11. A partir del 300 a. C., **se comenzaron a utilizar en Japón herramientas y armas de hierro.**

12. Hacia el año 250 a. C., **los líderes políticos y las familias extensas comenzaron a formar clanes o tribus organizadas** que competían entre sí por el poder sobre los recursos del país, como la tierra y el agua.

13. Alrededor del año 300 a. C. (o quizá antes), **se introdujeron espejos de bronce procedentes de China**, pero su uso no se generalizó hasta muchos siglos después. Más tarde, los espejos desempeñaron un papel muy importante en la mitología japonesa.

14. **Los espejos de bronce se convirtieron poco a poco en un importante símbolo de estatus en la cultura japonesa**. Todavía hoy se utilizan como parte de algunas ceremonias tradicionales.

15. **En el Japón prehistórico, los japoneses creían que todos los fenómenos naturales, animales y plantas poseían *kami*, (poder divino).** *Kami* también podía referirse a un dios o espíritu y para describir algo sagrado.

16. **Las obras de arte, como esculturas y máscaras de madera o arcilla,** se hicieron populares durante este periodo. Algunas veces se decoraban con pintura o laca, lo que las hacía aún más impresionantes, pero estas decoraciones eran limitadas en esa época.

17. **La música desempeñó un papel importante en la sociedad japonesa prehistórica**. Instrumentos como flautas y tambores se utilizaban para entretener a la gente en festivales y ceremonias que celebraban eventos religiosos y otras ocasiones especiales.

18. **Se han encontrado figuras de arcilla del periodo Kofun con agujeros,** lo que sugiere que se utilizaban como flautas.

19. Hacia el año 300 a. C., **las técnicas de alfarería habían avanzado tanto que las vasijas se podían cocer en hornos en lugar de secarlas en hogueras.** Esto permitió a los japoneses fabricar vasijas con diferentes formas, colores y texturas.

20. **Durante este periodo, el comercio se practicaba únicamente entre las islas japonesas** y era relativamente limitado debido a la geografía y a la falta de medios de transporte eficaces.

Periodo Yayoi
(300 a. C.-300 d. C.)

En este capítulo, se explora la historia antigua de Japón durante el periodo Yayoi. Descubra veinte datos interesantes sobre **la cultura, el estilo de vida y el idioma del Japón antiguo**. El pueblo yayoi destaca por muchas cosas, como los **sistemas de regadío, los avances en las técnicas de pesca y las alianzas con otras tribus**. También se exploran formas de culto a los antepasados, chamanismo, ¡y mucho más!

21. **El periodo Yayoi duró aproximadamente desde el 300 a. C. hasta el 300 d. C.** Fue el tercer gran periodo de la historia japonesa.

22. **Se cree que el pueblo yayoi cruzó de Asia continental a Japón a través de Corea.**

23. **Este periodo recibe su nombre por la región japonesa** en donde aparecieron los primeros yacimientos arqueológicos, en 1884, que daban indicios de esta cultura.

24. **Los primeros yayoi eran agricultores que utilizaban sistemas de riego hechos con tubos de bambú,** que transportaban el agua desde los ríos o manantiales hasta los campos cultivados.

25. Durante este periodo, **los yayoi también cazaban, recolectaban plantas silvestres y pescaban** mariscos o pequeños peces que se encontraban en aguas poco profundas cerca de las costas para alimentarse.

26. **El cultivo del arroz se convirtió en una parte importante de la economía hacia el año 200 a. C.,** cuando se extendió por Asia continental a lo largo de las rutas comerciales que conectaban las culturas asiáticas orientales y occidentales.

27. **Muchos historiadores atribuyen al pueblo yayoi el desarrollo del cultivo del arroz en húmedo** (lo que significa que se inundan los campos de arroz). Esta técnica produce un mayor rendimiento.

28. **Durante el periodo Yayoi, se introdujeron las herramientas de metal, incluido el bronce y el hierro, que se utilizaron para fabricar armas, joyas y aperos agrícolas,** lo que supuso un importante avance tecnológico.

29. **El cuidado dental durante el periodo Yayoi sigue sin estar claro**, pero algunas pruebas sugieren el uso de materiales similares a la resina para los dientes, lo que podría ofrecer cierta protección o alivio del dolor.

30. En el año 250 d. C., **comenzó a formarse una corte y un gobierno imperial oficial en Yamato** (actual prefectura de Nara) con su propia lengua, llamada *yamato kotoba*, que aún se habla en la corte imperial.

31. **El periodo Yamato, cuando el gobierno gobernaba desde Yamato**, se solapa con otros periodos de la historia japonesa, principalmente el periodo Kofun y el periodo Asuka.

32. **Los artefactos de esta época incluyen las figuras *haniwa*, esculturas de arcilla que representan personas, animales o formas**. Se solían encontrar alrededor de tumbas o sarcófagos.

33. Durante todo el periodo Yayoi, **las tribus formaron alianzas para acceder a recursos** como la tierra o los alimentos en épocas de escasez.

34. **Los yayoi trajeron consigo su propia lengua y cultura.** Con el tiempo, **el pueblo yayoi** se mezcló con el anterior **pueblo jomon**, que era cazador-recolector. Los japoneses modernos son descendientes de estos dos grupos.

35. **Los grandes grupos familiares conocidos como clanes adquirieron importancia durante el periodo Yayoi.**

36. **Durante este periodo, los chamanes** (líderes religiosos) desempeñaban un papel importante en la sociedad. Cumplían funciones espirituales y terapéuticas, como curar enfermedades o interpretar sueños.

37. **Los chamanes eran los encargados de mediar entre el mundo humano y el mundo espiritual**, además de dedicarse a la adivinación y otras prácticas religiosas.

38. **Los túmulos funerarios de esta época muestran que se profesaba algún tipo de culto a los antepasados.**

39. Alrededor del año 300 d. C. **se abrieron rutas comerciales entre China, Corea y Japón**, que permitieron el intercambio de bienes como cerámica, seda y metales.

40. **Durante este periodo, se produjeron avances en las técnicas de pesca que permitieron una mejor alimentación**. Sin embargo, hasta el siglo XIX, los barcos japoneses solían navegar únicamente por las aguas costeras.

Periodo Kofun
(300- 538 d. C.)

Este capítulo explora la interesante historia del periodo Kofun, una época de grandes cambios y mucho desarrollo en Japón. Recibe su nombre de **grandes montículos de tierra llamados** *kofun*, que se construían como tumbas para personas importantes. Durante este periodo, Japón se unificó y **el clan Yamato se convirtió en el poder dominante.**

Conozca más sobre esta importante época de la historia japonesa.

41. **El periodo Kofun de Japón comenzó en el año 300 de la era cristiana y duró hasta el año 538.**

42. Se divide en dos partes: **el periodo temprano** (300-400 d. C.) y **el tardío** (400-538 d. C.).

43. **Durante el periodo Kofun, la sociedad estaba dividida en dos clanes,** con los nobles en la cima y los plebeyos como clase social más baja. Los plebeyos eran agricultores, artesanos y comerciantes.

44. **Los registros históricos de esta época son limitados, pero hay pruebas de que se practicaba la esclavización.**

45. **La familia imperial** (el clan Yamato) asumió el control de gran parte del este de Japón, mientras que los clanes locales mantenían el poder en las regiones occidentales.

46. A menudo, **poderosos nobles y señores de la guerra** formaban alianzas o matrimonios entre sí en lugar de luchar por obtener un mayor control.

47. **Japón empezó a utilizar caracteres chinos hacia el siglo I de nuestra era**, pero solo para una comprensión básica. En el siglo V, ya habían adoptado **el sistema de escritura chino** *kanji*.

48. **Más tarde, los japoneses desarrollaron métodos como el** *kanbun* **para escribir japonés utilizando caracteres chinos con sugerencias de pronunciación.** El primer texto japonés, el *Kojiki*, está escrito con este método.

49. En cuanto a la arquitectura de esta época, **se construyeron grandes túmulos funerarios conocidos como** *kofun* **para conmemorar a personas o acontecimientos importantes**. También se construyeron palacios para diversos gobernantes poderosos por todo Japón.

50. **Durante el periodo Kofun se introdujeron nuevas leyes,** pero no estaban escritas ni codificadas de ninguna manera. Estas leyes eran más bien costumbres locales y códigos de comportamiento.

51. **Durante el siglo V d. C., hubo un comercio considerable entre Japón y China,** que trajo mercancías extranjeras al país. Este comercio incluía telas de seda o monedas hechas de oro y plata.

52. **El clan Yamato creía ser «*kami no mago*» (descendiente de los dioses), concepto que sirvió como piedra angular para la legitimidad de su poder.**

53. Hacia el año 500 d. C., **la equitación y el tiro con arco se habían popularizado en Japón, ya que eran habilidades importantes para los guerreros,** que eran parte fundamental de la sociedad durante este periodo. **Los samuráis,** tal y como los conocemos, no se desarrollaron hasta finales del periodo Heian.

54. Es plausible que **los japoneses adoptaran el *dao* de China durante el periodo Kofun,** que luego cambiaron por la catana.

55. **La catana es más curva que el *dao* y está hecha de un tipo de acero diferente.** Se cree que la catana fue creada durante el periodo Heian.

56. **La pesca se convirtió en una industria lucrativa hacia el año 500 d. C.,** hasta el punto de que provocó la acumulación de riqueza por parte de quienes se dedicaban a este oficio. Esto contribuyó al aumento de la población.

57. La poesía fue popular entre las clases altas durante el periodo Kofun, **cuando se formaron las primeras raíces de las tradiciones poéticas japonesas.**

58. Hacia el año 500 d. C., **los japoneses ya construían rudimentarios santuarios en las zonas más pobladas del país.** En estos santuarios veneraban a los primeros dioses, espíritus de la naturaleza y líderes muertos.

59. Durante este periodo, **se produjeron batallas entre clanes rivales,** pero solían terminar rápidamente debido a la falta de recursos y de mano de obra.

60. **Finalizado el periodo Kofun, Japón pasó al periodo Asuka** alrededor del año 538 de la era cristiana. La transición estuvo marcada por cambios culturales como la introducción del budismo y el desarrollo político.

Periodo Asuka
(538-710 d. C.)

En este capítulo se explora **la fascinante historia del periodo Asuka en Japón**. Descubra veinte datos interesantes sobre este periodo, que incluyó la introducción del **budismo y de nuevas tecnologías**. Las obras de arte florecieron durante este periodo, al igual que el gobierno. Explore por qué este periodo fue tan importante.

61. **El periodo Asuka comenzó en el año 538 y terminó en el 710 d. C.**

62. **Durante este periodo, gran parte de Japón se unió por primera vez**, al menos nominalmente, bajo un mismo gobernante.

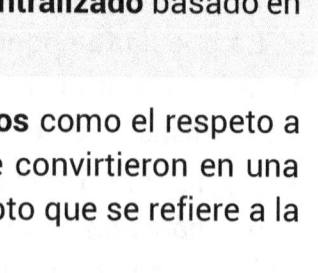

63. Uno de los hombres más influyentes de la historia de Japón fue **el príncipe Shotoku Taishi,** que gobernó durante un tiempo a finales del siglo VI y principios del VII.

64. **Al príncipe Shotoku se le atribuye haber ayudado a unificar Japón bajo un solo gobernante, haber** promovido **el budismo** y haber **adoptado la cultura** y la educación **china.**

65. **Durante este periodo, el budismo llegó a Japón procedente de Corea y China**. Esta religión aportó muchas prácticas culturales nuevas, como estilos artísticos, literatura, música y filosofía, entre otras. El budismo ayudó a dar forma a la cultura japonesa.

66. **Al príncipe Shotoku se le atribuye la creación de un gobierno centralizado** basado en los modelos de gobierno chinos.

67. **El gobierno japonés también se basaba en principios confucianos** como el respeto a las figuras de autoridad y a la sociedad en general. Estas ideas se convirtieron en una parte integral de la cultura japonesa conocida hoy como *wa,* concepto que se refiere a la armonía entre individuos dentro de un contexto social amplio.

68. En el 604, **el príncipe Shotoku redactó la Constitución de los diecisiete artículos,** en la que se esbozaba cómo debían vivir las personas **de acuerdo con las enseñanzas budistas** y los códigos morales de conducta.

69. **A lo largo del periodo Asuka se construyeron templos y santuarios budistas,** muchos de los cuales siguen en pie hoy en día y son importantes hitos culturales de Japón.

70. El *Kojiki* (registro de asuntos antiguos) se compiló durante este periodo y es un **importante texto que narra la historia temprana de Japón,** desde su fundación hasta el año 628 de la era cristiana. Fue completado por el erudito de la corte O no Yasumaro en el 712.

71. **Aunque se recopilaron en el siglo VIII, el *Nihon Shoki* y el *Fudoki* ofrecen una visión del periodo Asuka,** ya que entrelazan los registros escritos con las tradiciones orales. Aunque son fuentes valiosas, estos atisbos del pasado requieren una evaluación cuidadosa para diferenciar la realidad histórica de las interpretaciones culturales.

72. **En el periodo Asuka se produjeron avances tecnológicos como la metalurgia, con la fabricación de armas de hierro para uso militar,** y la fabricación de papel en todo el país, lo que llevó a un aumento de la alfabetización entre las clases altas.

73. **A los plebeyos no se les enseñaba a leer porque no se consideraba necesario para ellos.** Se esperaba que trabajaran en el campo o que desempeñaran otros trabajos manuales.

74. **El periodo Asuka debe su nombre a la región de Asuka, en la prefectura de Nara**, donde se encontraba la capital de Japón. La región de Asuka fue un importante centro de actividad política, económica y cultural durante este período.

75. **El arte floreció con esculturas de figuras religiosas talladas en madera o hechas con porcelana.** Los templos de todo el país estaban decorados con murales, que añadían color a estos espacios sagrados.

76. En **la poesía, durante esta época se hizo popular el *tanka*,** un poema de treinta sílabas que a menudo se centra en las emociones.

77. **Los artesanos eran muy hábiles trabajando el metal, creando intrincados espejos de bronce decorados con imágenes budistas o escenas de la naturaleza.** Estos objetos se utilizaban para fines prácticos y para ofrendas rituales en santuarios.

78. **El periodo Asuka vio el surgimiento de clanes poderosos, como el clan Soga,** que tuvo una gran influencia en la política durante esta época.

79. **Durante este periodo se acuñaron las primeras monedas autóctonas de Japón**, que se utilizaban para el comercio. Sin embargo, el trueque seguía siendo popular.

80. **Aunque no hay ningún acontecimiento que marque el paso de un periodo a otro, el traslado de la capital japonesa de Asuka a Nara,** en el año 710 d. C., es la transición simbólica del periodo Asuka al periodo Nara.

Periodo Nara

(710-784 d. C.)

Este capítulo explora **la intrigante historia de Japón durante el periodo Nara**. Aprenda muchos datos interesantes y descubra cómo **la cultura china influyó en el arte, la arquitectura y la literatura japonesas**. Durante este periodo se produjeron muchos acontecimientos apasionantes, ¡así que no se los pierda!

81. En el año 710 d. C., **el emperador Gemmei trasladó la capital de Japón de Fujiwara a Heijo-kyo** (actual Nara). El nombre de este periodo, que duró entre el 710 d. C. y el 784 d. C., proviene de este cambio de capital.

82. **Nara fue un importante centro de cultura y aprendizaje durante su época como capital.** Se construyeron muchos templos y santuarios importantes en la ciudad, incluyendo el templo Todai-ji, que alberga al *Gran Buda de Nara*.

83. *El Gran Buda de Nara*, **una estatua de bronce construida en el siglo VIII**, mide quince metros de altura. En la actualidad, turistas de todo el mundo van a visitar la estatua.

84. **El budismo comenzó a hacerse más popular durante este periodo**. Muchos textos budistas fueron traídos desde China.

85. **La cultura china ejerció una gran influencia en el periodo Nara. Su sistema de escritura, su arquitectura e incluso su comida** fueron adoptados y luego adaptados a la creciente cultura japonesa.

86. **Durante esta época se desarrolló un sistema único de propiedad de la tierra llamado *shoen***, que protegía a los campesinos de la explotación por parte de poderosos aristócratas. Este sistema tuvo cierta eficacia, aunque más tarde, en el periodo Samurái, los agricultores y otros plebeyos no tenían prácticamente ningún derecho.

87. En el año 743 de la era cristiana, **el emperador Shomu ordenó construir templos por todo Japón para extender el budismo por todo el país.**

88. **La obra de arte más famosa de este periodo se conoce como la *Tríada de Yakushi*,** que fue trasladada a Nara cuando cambió la capital. Es una escultura de bronce que representa al **Buda de la Curación** flanqueado por dos *bodhisattvas*.

89. **Aunque los emperadores de Nara gobernaban una gran parte de Japón**, no tenían el control de gran parte del país. La isla septentrional de Hokkaido, por ejemplo, no se adhirió a Japón hasta 1869.

90. **Hokkaido es una tierra de clima extremo, nieve y montañas.** Estuvo habitada por el pueblo aborigen *ainu*, que fue adherido a la fuerza por los japoneses entre los siglos XIX y XX.

91. **Durante esta época se escribieron grandes obras literarias, como el *Man'yoshu*,** que es una colección de más de 4.500 poemas. **El** *Man'yoshu* es la colección de **poesía japonesa** más antigua que existe. Fue recopilada **en el periodo Nara por Otomo no Yakamochi** (718-785), poeta y erudito de la corte.

92. **El periodo Nara marcó el inicio de las relaciones diplomáticas formales de Japón con otros países.** Las misiones diplomáticas y los embajadores de China y Corea comenzaron a visitar Japón en el año 736 de la era cristiana.

93. **Aunque ya era conocido en otros periodos, el famoso vino de arroz** (sake) comenzó a producirse en cantidades masivas durante **el periodo Nara.**

94. **Festivales tradicionales como el Gion Matsuri se originaron en el periodo Nara,** posiblemente para agradecer a los dioses por las buenas cosechas. Aunque hay vestigios de este festival en el siglo VII, **la celebración anual establecida del Gion Matsuri** se consolidó más tarde y evolucionó hasta convertirse en el renombrado festival que es hoy en día.

95. **El periodo Nara también desempeñó un papel en la evolución del sintoísmo. El aumento del budismo ayudó a normalizar nuevas prácticas** y las deidades de ambas religiones se mezclaron. Con el tiempo, se añadieron rasgos budistas a los santuarios.

96. **Los santuarios locales y las prácticas comunes preservaron el núcleo del sintoísmo.** Los registros del periodo Nara sentaron las bases para posteriores resurgimientos de la filosofía sintoísta.

97. **El sintoísmo es la religión autóctona de Japón. Es una religión politeísta que venera a muchos dioses llamados *kami*.** Los *kami* son todas las cosas que se consideran sagradas o poderosas, como montañas, ríos, árboles e incluso animales.

98. **El sintoísmo no tiene un fundador ni un texto sagrado. Se basa en tradiciones y prácticas orales transmitidas durante generaciones.**

99. **El sintoísmo profesa una forma de vida que enfatiza en la naturaleza, la pureza** y los rituales. El sintoísmo no hace proselitismo y no exige a sus seguidores creer en nada particular. Es una religión personal que cada individuo interpreta a su manera.

100. Durante siglos, **en Nara, los ciervos *sika*** (a menudo llamados «ciervos de Nara») deambulan libremente. Son venerados como **mensajeros de los dioses sintoístas.** Protegidos como tesoros nacionales, simbolizan la identidad cultural de la región y atraen al turismo.

Periodo Heian

(794-1185 d. C.)

Este capítulo explora **la atractiva historia del periodo Heian**. Explore veinte **datos interesantes sobre la cultura de Japón durante esta época**, en donde el arte floreció con importantes logros en **pintura, caligrafía y poesía,** además de grandes avances arquitectónicos. También surgieron poderosos guerreros.

101.. **El periodo Heian comenzó en el 794 d. C., cuando la capital de Japón se trasladó a la actual Kioto**, y finalizó en el 1184.

102. **El término «*heian*» significa «paz» o «tranquilidad»,** lo que refleja la estabilidad política y el crecimiento económico de este periodo.

103. **Kioto se convirtió en el centro de la política japonesa durante este periodo. El emperador Kanmu construyó un palacio** y grandes jardines para su corte en esta ciudad.

104. **Durante el periodo Heian, el arte floreció con avances en pintura, caligrafía, poesía, música y literatura.** A menudo se hace referencia al periodo Heian como la Edad de Oro de Japón.

105. **Los libros copiados a mano se hicieron populares durante este período**, en donde gente de clase alta copiaba textos chinos con fines educativos o de entretenimiento.

106. **La copia de textos chinos contribuyó al desarrollo de las habilidades caligráficas** y a una comprensión más profunda de **la lengua y la cultura clásica china** entre la élite culta de Japón.

107. *Los Cuentos de Ise*, **atribuidos a poetas de la era Heian,** mezclan narraciones anónimas con poemas románticos que exploran el amor, la aventura y la impermanencia de la belleza.

108. **Varios artistas desarrollaron sus propios estilos, como el** *Yamato-e* (hoy considerado el estilo clásico de pintura japonesa).

109. **Las mujeres de clase alta tuvieron más libertad intelectual y algunas incluso se convirtieron en poetas famosas, como Sei Shonagon.** Es importante recordar que la gran mayoría de las mujeres japonesas tenían pocos derechos, si es que tenían alguno, hasta bien avanzado el siglo XX.

110. **El budismo de la Tierra Pura, que se introdujo en Japón en el siglo VIII**, se convirtió en una forma de budismo muy extendida y popular durante la era Heian.

111. **El budismo de la Tierra Pura enfatizaba en la devoción al Buda Amitabha** (un antiguo monje) y la aspiración a renacer en su Tierra Pura, un reino de iluminación y liberación.

112. **Hubo muchas figuras históricas importantes en esta época, como Fujiwara no Michinaga**, que fue uno de los políticos más poderosos de Japón. Pertenecía al clan Fujiwara, que controlaba Japón en la corte imperial en los siglos X y XI.

113. **En el periodo Heian también se desarrollaron complejas ceremonias cortesanas** y se establecieron normas sobre cómo debía comportarse la gente **ante el emperador** u otros altos cargos.

114. **Aunque no se conservan castillos completos de la era Heian, los vestigios y las evidencias arqueológicas cuentan su historia. En la fortificación de Fujiwara no Sumitomo (década de 940)** son visibles los movimientos de tierra y los fosos, que ofrecen una visión de las estructuras defensivas de la era Heian.

115. **El periodo Heian también fue testigo del desarrollo de un sistema de escritura japonés llamado *kana*,** que utiliza sílabas derivadas de caracteres chinos.

116. **El *kana* se divide en dos escrituras silábicas: *hiragana* y *katakana*. Estas escrituras se desarrollaron como versiones simplificadas de los caracteres chinos** (*kanji*) para representar los sonidos fonéticos nativos japoneses.

117. ***El Libro de la Almohada* es una obra clásica de la literatura japonesa escrita por la dama de la corte Sei Shonagon durante el periodo Heian**. Es una colección de ensayos, anécdotas, observaciones y reflexiones que ofrecen una visión vívida e íntima de la vida cotidiana, los pensamientos y las experiencias de la sociedad aristocrática de la corte de Kioto.

118. **Durante esta época se desarrolló un nuevo tipo de música llamada *gagaku*.** Este estilo musical estaba influenciado por la música cortesana china.

119. **Un ejemplo famoso de la arquitectura Heian es el templo Byodo-in, situado cerca de Kioto.** Hoy en día, muchos visitantes lo visitan para admirar la hermosa arquitectura y las obras de arte de la era Heian.

120. **Hacia el final del periodo Heian, el clan Fujiwara se debilitó.** Comenzó una lucha por el poder entre dos grandes clanes, **los Minamoto y los Taira**, y sus aliados. La lucha terminó con la victoria de **Minamoto no Yoritomo sobre los Taira en Dan-no-Ura,** en 1185.

Periodo Kamakura
(1185-1333)

Este capítulo explora **la fascinante historia del periodo Kamakura**. Revise veinte datos interesantes sobre este periodo, **como el florecimiento del budismo zen y la importancia de los samuráis**. También se descubre cómo **los japoneses derrotaron a los invasores mongoles dirigidos por Kublai Khan.** Explore la evolución de la cultura japonesa y descubra por qué este periodo pasó a la historia.

121. Durante este periodo, **la capital de Japón se trasladó de Kioto a Kamakura** (a unos cuarenta kilómetros al suroeste de la actual Tokio), de ahí su nombre. A partir de aquí, **Kamakura se convirtió en un importante centro político** durante muchos siglos.

122. **Durante este tiempo, se estableció un nuevo gobierno militar llamado *shogunato*,** con Minamoto no Yoritomo como primer *shogun*, un líder político militar.

123. **Yoritomo Minamoto fue criado dentro del clan Taira tras la muerte de su padre en una batalla.** Sin embargo, él y sus hermanos eran considerados una amenaza y fueron exiliados. Durante el exilio, forjó alianzas y una fuerza militar con la que finalmente derrotó a los Taira.

124. **El budismo zen floreció en Japón durante esta época** y tuvo un gran impacto en todos los aspectos de la cultura japonesa, incluyendo el arte, la arquitectura, la literatura y la filosofía, entre otros.

125. **El budismo zen es una escuela del budismo mahayana** que enfatiza en la experiencia directa y la meditación como medios para alcanzar la iluminación. Se originó en China, pero más tarde se introdujo en Japón.

126. **Los samuráis de la era Kamakura encontraban el budismo zen profundamente atractivo.** Su enfoque en la disciplina, la simplicidad y la aceptación de las dificultades reflejaba los valores de estos guerreros.

127. **Durante esta época, un gran número de samuráis fueron retenidos por los señores para proteger sus territorios de otros clanes invasores.** A partir de ahí nació el término retenedor, que designa a alguien que mantiene y defiende tierras para un señor a cambio de favores, poder, tesoros o influencias.

128. **El feudalismo se desarrolló rápidamente en Japón durante esta época** de forma muy similar al feudalismo de la Europa occidental.

129. **El período Kamakura fue una época de continuos intercambios culturales con China**, que aportó nuevas ideas a Japón y muchos nuevos principios budistas.

130. **Una de las obras literarias más famosas del periodo Kamakura es** *El cuento de los Heike* (*Heike Monogatari*), una narración épica que relata el ascenso y la caída del clan Taira y la guerra Genpei entre los clanes Taira y Minamoto.

131. **En 1274 y en 1281, el líder mongol Kublai Khan dirigió una invasión de Japón, pero fue derrotado por los japoneses**, que contaron con la ayuda de dos tifones que destruyeron muchos barcos mongoles durante las invasiones.

132. **Los japoneses llaman a los tifones** *kamikaze* («viento divino»). El término fue acuñado durante la invasión mongola de 1281.

133. **Aunque mucha gente cree que los tifones pusieron fin a la invasión mongola antes de que comenzara**, las tropas mongolas pudieron desembarcar en Japón y libraron costosas batallas.

134. **Durante esta época, Japón experimentó un periodo de crecimiento económico debido a la expansión del comercio con China y Corea,** lo que provocó una mayor urbanización en algunas zonas.

135. **Durante este periodo se desarrolló el teatro** *noh,* **una forma de drama musical que combina máscaras,** música, danza y cánticos en una representación con fines de entretenimiento o religiosos.

136. **El *noh* se sigue representando hoy en día, pero más como un entretenimiento de clase alta similar a lo que significa la ópera en Occidente.**

137. **La poesía floreció durante el periodo Kamakura. El *renga*** (verso enlazado) creció en popularidad y fue usado por muchos poetas famosos que nacieron durante esta época.

138. **Durante el periodo Kamakura, los samuráis ganaron prominencia como élite militar y social dominante.** Constituían la columna vertebral de las fuerzas militares del *shogunato* y ocupaban puestos clave en la administración. Esto marcó una transición de la anterior cultura aristocrática de la corte a una sociedad en la que la destreza militar y los valores marciales tenían mayor importancia.

139. **En la actualidad, la ciudad de Kamakura, que se encuentra a unos treinta y cinco kilómetros al suroeste de Tokio, atrae a cientos de miles de turistas cada año,** sobre todo por sus réplicas de aldeas samuráis, recreaciones de batallas y templos.

140. **El periodo Kamakura llegó a su fin debido a conflictos internos y cambios en el poder político.** Finalizó en 1338 con la ascensión de Ashikaga Takauji como *shogun*.

Periodo Muromachi
(1336-1573)

Este capítulo **explora el periodo Muromachi en Japón, una época de fuerte militarización**. Conozca veinte datos interesantes sobre esta época y aprenda algunas historias cautivadoras sobre **la guerra Onin, la tecnología, el arte y el comercio.**

141. **El periodo Muromachi** en Japón comenzó en 1336, cuando **el señor samurái Ashikaga Takauji se convirtió en una figura dominante**. Fue nombrado *shogun* por la corte imperial en 1338.

142. **El periodo Muromachi fue una época de fuerte dominio militar.** Los guerreros samurái eran muy influyentes, al igual que los clanes poderosos, como los Takeda, Uesugi, Hojo y Mori.

143. Inicialmente, **Takauji fue nombrado *shogun* por el emperador Go-Daigo**, a quien más tarde derrocó para establecer su propio shogunato, el Ashikaga.

144. **La enemistad de Takauji con el sucesor de Go-Daigo creó dos cortes rivales**. Una complicada serie de acontecimientos terminó con dos familias rivales disputándose el control de Japón.

145. **El budismo zen se hizo aún más popular**, al igual que las prácticas de meditación llamadas *zazen*, utilizadas por los guerreros samurái.

146. Aunque **la guerra Onin** (1467-1477) **comenzó como un conflicto localizado**, se extendió y **enfrentó a dos facciones dentro de la corte**. Destruyó gran parte del centro y el oeste de Japón.

147. **Tras la guerra Onin se produjo un aumento significativo de las guerras entre clanes en todo Japón.** Aunque hubo periodos de paz, **Japón permaneció en guerra constante prácticamente hasta 1600.**

148. **La ceremonia del té japonesa que reconocemos hoy en día surgió durante el periodo Muromachi y se convirtió en una parte importante de la cultura samurái** para mostrar respeto a los invitados. También incorpora elementos de la meditación zen.

149. **Uno de los libros más influyentes y populares del periodo Ashikaga es** *Tsurezuregusa*, a menudo traducido como *Ensayos sobre la ociosidad o La cosecha del ocio*. Fue escrito por **el monje japonés Yoshida Kenko** en la década de 1330, pero siguió siendo muy popular. Se considera un **clásico de la literatura japonesa** y ofrece una visión de la mentalidad y la cultura del periodo **Muromachi** y posteriores.

150. **La arquitectura y el diseño de interiores florecieron con el desarrollo de nuevos estilos, como el estilo** *shoin*, que presentaba esteras de tatami, puertas corredizas y estanterías conocidas como *chigaidana*.

151. **Los jardines zen o jardines de rocas se hicieron populares durante el periodo Muromachi.** Daban a los espacios una sensación de tranquilidad y paz, en oposición a todas las guerras que se desarrollaban en Japón.

152. **Aunque hubo muchos conflictos en esta época, también se produjeron innovaciones en artes como la pintura, la caligrafía y la escultura,** lo que dio lugar a algunas obras de gran belleza.

153. En 1543, **los primeros europeos, comerciantes portugueses, llegaron a Japón e introdujeron nuevas mercancías como armas, tabaco y licores destilados,** e ideas como el cristianismo.

154. **En el periodo Muromachi aumentó el comercio con China y Corea** debido a que había una mayor estabilidad tras años de guerras entre clanes.

155. **Las mujeres tenían roles limitados, pero ganaron influencia a través de bodas concertadas y ceremonias importantes en la corte,** donde podían mostrar habilidades como el canto y el baile.

156. **El cultivo del arroz mejoró durante este periodo,** por lo que se produjeron más alimentos que nunca y la población de todo el país creció considerablemente.

157. **Este periodo vio el auge de la poesía haiku y el teatro noh,** que se convirtieron en formas populares de entretenimiento.

158. En 1568, **Oda Nobunaga comenzó su campaña para unificar Japón,** que duró hasta su muerte en 1582, cuando **Toyotomi Hideyoshi** tomó el poder, completando lo que se conoce como la unificación de Japón.

159. En 1573, **el señor de la guerra Oda Nobunaga saqueó la ciudad de Kioto,** poniendo fin al **periodo Muromachi**.

160. **Con la ascensión de Nobunaga,** todo Japón se unificó bajo un solo gobierno por primera vez en su historia.

Periodo Azuchi-Momoyama

(1573- 1600)

El periodo Azuchi-Momoyama fue una época de grandes cambios en Japón, ya que el país se unificó bajo un líder fuerte y experimentó avances en el comercio y la industria. **Durante este periodo, se construyeron castillos por todo el país, se concedieron más derechos a los samuráis** y se popularizó la ceremonia del té. A continuación, se presentan veinte datos interesantes sobre este cautivador periodo que dio forma a la sociedad japonesa.

161. **El período Azuchi-Momoyama fue una época de grandes cambios en Japón,** ya que el país se unificó bajo un líder fuerte, primero bajo **Oda Nobunaga** y luego **Toyotomi Hideyoshi.**

162. En 1573, **el señor de la guerra Oda Nobunaga conquistó Kioto**, la capital. Nobunaga no asumió el título de *shogun* por muchas razones. Sin embargo, gobernaba desde otras posiciones.

163. **Nobunaga es considerado el primero de los tres «grandes unificadores» de Japón.**

164. **Nobunaga trasladó su cuartel general al castillo de Azuchi, en el lago Biwa, cerca de Kioto,** en 1576, dando así a este período su nombre, **«Azuchi-Momoyama.»**

165. **Además de la unificación política de Japón**, otros grandes cambios durante este periodo fueron los avances en el comercio y la industria, el mayor uso de armas de fuego y nuevas técnicas mineras.

166. En 1582, **Nobunaga fue asesinado por su antiguo aliado y general, Akechi Mitsuhide**, después de haber reunificado el país.

167. Al final de este periodo, **se habían construido cientos de castillos por todo Japón**; algunos de los más famosos son **el castillo de Osaka y el castillo de Kumamoto**.

168. **La clase samurái obtuvo mayores derechos y privilegios durante este periodo. Los samuráis solo representaban entre el 7 % y el 10 % de la población de la época**, pero tenían todo el poder.

169. **A los samuráis se les permitía vestir con colores vivos, lo que les diferenciaba de los plebeyos,** que debían usar tonos más apagados, como el negro o el gris.

170. **Las ceremonias de té florecieron durante el periodo Azuchi-Momoyama**. Estas ceremonias eran una forma frecuente en que las personas de alto rango presumían de su riqueza y poder. Organizaban elaboradas reuniones con costosos productos importados de China.

171. **Uno de los generales de Nobunaga fue Toyotomi Hideyoshi**, cuyo talento y ambición le permitieron entrar en la clase samurái. **Hideyoshi provocó la caída de Akechi Mitsuhide y se convirtió en** *kampaku*, **o consejero principal del emperador**, cargo que ocupó de 1585 a 1592.

172. **Hideyoshi no pudo convertirse en** *shogun* **debido a su origen campesino.**

173. **Toyotomi Hideyoshi se convirtió en un importante mecenas de las artes y la arquitectura.**

174. **En el periodo Azuchi-Momoyama aumentó el comercio con otros países, lo que trajo a Japón nuevos productos como el tabaco, la caña de azúcar y la papa**. Los europeos comenzaron a llegar a Japón en el siglo XVI.

175. **En 1588, Toyotomi Hideyoshi ordenó la famosa «caza de espadas», que prohibía a la posesión de armas blancas** (excepto para los samuráis). Este fue un intento de reducir la violencia, mantener el orden y reducir las posibilidades de levantamientos campesinos contra el dominio samurái.

176. En 1603 **vivían en Japón más de tres millones de personas**, lo que lo convertía en uno de los países más densamente poblados de Asia Oriental en aquella época.

177. **La primera misión diplomática oficial japonesa a Europa fue en 1582**. El *daimyo* Ōtomo Sōrin envió la embajada Tenshō, que fue recibida oficialmente por los gobernantes europeos. Esta misión buscaba el diálogo religioso y el establecimiento de lazos comerciales y políticos.

178. La economía floreció durante todo el gobierno de **Nobunaga**. Los comerciantes, aunque mal vistos socialmente, empezaron a acumular riquezas. Nobunaga promovió el comercio internacional.

179. Cuando Hideyoshi murió, en 1598, **se produjo un vacío de poder en Japón, con muchos clanes luchando por el control.**

180. Tras la muerte de Nobunaga en 1582, **Toyotomi Hideyoshi** dominó, pero se enfrentó a los desafíos de Tokugawa Ieyasu, **antiguo general de Nobunaga**. Aunque inicialmente se alió con el hijo de **Hideyoshi**, Ieyasu derrotó decisivamente a ambas fuerzas en **Sekigahara** en el 1600. Mediante complejas maniobras, aseguró la paz, allanando el camino para el *shogunato* de Ieyasu.

Periodo Edo
(1603-1867)

El periodo Edo fue una época de gran desarrollo cultural y político en Japón. Durante este periodo, la circulación por el país estaba restringida para mantener el orden mientras florecía la cultura. **Se produjeron avances en la tecnología militar y aumentó la tasa de alfabetización.** Explore todo esto con veinticinco datos interesantes sobre este periodo, que dio forma a la sociedad japonesa moderna.

181. **El periodo Edo, también conocido como periodo Tokugawa**, comenzó en 1603, cuando **Tokugawa Ieyasu se convirtió en** *shogun* **de Japón, y duró hasta 1867.**

182. Durante este periodo, Japón estaba dividido en unos trescientos dominios feudales gobernados por poderosos señores locales llamados *daimyo*, que eran leales al *shogun*.

183. **El** *shogun* **gobernaba en nombre del emperador**, que para entonces era solo una figura decorativa.

184. **En 1635 se promulgó el Edicto Sakoku. «***Sakoku***»** **significa «país cerrado» o «política aislacionista»,** y el edicto prohibía a todos los japoneses viajar al extranjero. También limitaba a los extranjeros, en su mayoría europeos, a una pequeña zona en la ciudad portuaria meridional de Hiroshima, con pocas excepciones.

185. **El incumplimiento del Edicto Sakoku se castigaba con la muerte. Japón** entró en una era de doscientos años de aislamiento del resto del mundo.

186. **Debido al edicto, no entraron en Japón nuevas ideas o tecnologías extranjeras**. Así, cuando la política de aislamiento terminó, a mediados del siglo XIX, Japón llevaba un retraso de doscientos años con respecto a gran parte del mundo, en particular Europa y América.

187. **En gran parte de Japón, los viajes estaban muy restringidos, especialmente para los que no eran samuráis.** A menudo se necesitaban permisos, había puestos de control por todas partes y se imponían impuestos de viaje y peajes.

188. **El budismo seguía siendo una parte importante de la vida en el período Edo**, pero el sintoísmo comenzó a ganar popularidad de nuevo debido a su enfoque en las tradiciones japonesas y la reverencia por el emperador.

189. **El período Edo se caracterizó por un aumento de la alfabetización**, especialmente entre la clase mercantil, que creció en poder e influencia durante el período Edo.

190. **Ciudades como Edo (actual Tokio) crecieron rápidamente**. Se convirtieron en importantes centros de comercio, donde los grandes mercados se llenaban de bienes procedentes de todo el país y, a veces, incluso del extranjero.

191. **Una forma popular de entretenimiento durante este periodo fue el *kabuki*,** obras en las que los actores se vestían con elaborados trajes para contar historias sobre el amor, la guerra y otros temas a través de la música, la danza y el diálogo.

192. **El *kabuki* era más popular entre las clases populares y los samuráis de menor rango que entre los de mayor prestigio.**

193. **En el *kabuki*, los papeles femeninos eran interpretados por actores masculinos**. Hacer actuar a mujeres se consideraba demasiado provocativo para el público.

194. **La lucha de sumo se hizo cada vez más popular entre la gente**, que disfrutaba viéndola en los torneos celebrados en las ciudades de todo Japón.

195. **En el sur de Japón, el cristianismo se comenzó a arraigar entre una parte cada vez mayor de la población.** La religión había crecido lentamente con la llegada de los europeos a principios del siglo XVI.

196. **Aunque algunos señores samuráis se hicieron cristianos**, la mayoría, incluidos los *shogun*, lo consideraron una amenaza.

197. **Durante la Rebelión de Shimabara, en el sur de Japón, entre 1637 y 1638, el gobierno inició una violenta persecución a los cristianos** que causó decenas de miles de muertos y llevó la religión a la clandestinidad.

198. **Los guerreros samurái seguían siendo miembros importantes de la sociedad**, aunque su papel cambió, pasaron del campo de batalla a ocuparse de la gobernanza y el cumplimiento de la ley.

199. **Hacia el final del periodo Edo, gran parte de la clase samurái se había vuelto ociosa**. Muchos desarrollaron problemas con el juego y el alcohol derivados del ocio y la pérdida de poder.

200. **En el periodo Edo se produjeron avances en la tecnología militar** y las armas de fuego se hicieron cada vez más populares entre los samuráis, aunque no sustituyeron por completo las espadas.

201. **La tecnología de las armas procedía de los europeos, principalmente de los holandeses, que eran los socios comerciales preferidos del *bakufu*, o «gran carpa», como se denominaba al gobierno**. El término hace referencia a los primeros *shogun* que celebraban juicios y audiencias en una gran carpa. Actualmente, la palabra se usa como sinónimo de *shogunato*.

202. **Durante esta época, se estableció un sistema llamado escuela *han*, o «de dominio».** Los niños de familias ricas recibían una educación adecuada a su clase social, mientras que los niños más pobres recibían educación formal muy básica.

203. En 1682, **se aprobó una ley que obligaba a todos los hogares de Japón a registrarse en la oficina del gobierno local** para que las autoridades hicieran un seguimiento de las personas que vivían allí o que venían de visita desde otras partes del país.

204. **A finales del periodo Edo, alrededor de la mitad de los japoneses vivía en ciudades, lo que convirtió a Japón en uno de los países más urbanizados de la época.**

205. **El último *shogun*, Tokugawa Yoshinobu**, dimitió en 1867, lo que marcó el fin del periodo Edo y del *shogunato* Tokugawa.

El fin del aislamiento y la Restauración Meiji

(1853-1912)

La Restauración Meiji fue un periodo de grandes cambios en Japón porque el país empezó a modernizarse. Durante esta época, **el emperador Meiji introdujo reformas para sustituir los antiguos sistemas feudales de propiedad de la tierra por la propiedad privada,** aumentó las libertades y derechos de las personas independientemente de su estatus social o riqueza, renovó el sistema educativo y abrió Japón a la influencia extranjera a través del comercio y las relaciones diplomáticas. Explore todo esto a través de veinte datos interesantes.

206. En 1853, **y de nuevo al año siguiente, una poderosa flota naval estadounidense llegó a Japón.** Se negó a marcharse hasta que el país se abriera al comercio, poniendo fin a la política de aislamiento de Japón.

207. En 1868, **el emperador Meiji subió al trono e inició el periodo conocido como la Restauración Meiji.**

208. **El objetivo de este periodo era modernizar e industrializar Japón** para que alcanzara a las potencias occidentales, proteger su independencia y, finalmente, convertirse en una potencia moderna.

209. **Una de las primeras reformas realizadas durante esta época fue el cambio de los antiguos sistemas feudales de tierras** por un nuevo sistema basado en la propiedad privada llamado *kazoku seido* (sistema de familias nobles).

210. **Los samuráis perdieron sus privilegios y derechos especiales bajo el nuevo gobierno,** pero recibieron pensiones por sus servicios al imperio.

211. **Se introdujeron nuevas leyes que otorgaban más libertad e igualdad de derechos a las personas, independientemente de su estatus social o nivel de riqueza**; entre otras cosas, se prohibieron prácticas similares a la esclavitud, como la servidumbre por deudas y los contratos de trabajo forzado.

212. **El sistema educativo experimentó cambios significativos. La escuela primaria pasó a ser obligatoria para todos los niños** y las instituciones de enseñanza superior se expandieron por todo el país, ofreciendo cursos de ciencias, matemáticas, literatura, filosofía, etc.

213. **Durante este periodo, Japón abrió sus puertas a la influencia y las ideas extranjeras**, lo que le ayudó a progresar rápidamente en tecnología, industria y fuerza militar. **Se construyeron ferrocarriles por todo el país** y líneas telegráficas que conectaban las ciudades.

214. **De 1868 a 1869 hubo una guerra civil llamada la guerra Boshin.** El conflicto enfrentó a las fuerzas que apoyaban al *shogunato* y las que deseaban la restauración del gobierno imperial. **Ganó el bando imperial, lo que condujo a la entronización del emperador Meiji.**

215. De 1894 a 1895, **Japón libró una guerra con China por el control de Corea, conocida como la primera guerra sino-japonesa**. Los japoneses vencieron con contundencia al cabo de solo seis meses y se apoderaron de Corea y Taiwán, esta última llamada Formosa.

216. De 1904 a 1905, **Japón luchó contra Rusia por la influencia en el Pacífico y en Corea. En la guerra ruso-japonesa,** las fuerzas japonesas volvieron a salir victoriosas, asegurando definitivamente el lugar de Japón en la escena internacional.

217. **Durante esta época, Japón se convirtió en el primer país de Asia Oriental en tener una constitución escrita**, que incluía disposiciones para cierta representación popular en el gobierno.

218. **Este periodo fue testigo de la expansión del Imperio japonés por Asia.** Japón tomó el control de Corea, Taiwán y partes de China, poniendo gobernantes títeres en estas regiones para asegurar su dominio.

219. **La era Meiji fue responsable de provocar revoluciones culturales,** como la creación de nuevos movimientos artísticos y un renovado interés por el sintoísmo.

220. En 1912, **falleció el emperador Meiji,** poniendo fin a su reinado y al proyecto de restauración que había modernizado Japón considerablemente.

221. **La muerte del emperador marcó el inicio oficial del periodo Taisho** (llamado así por el emperador Taisho), en el que se introdujeron nuevas reformas.

222. **En Japón hay dos tipos de calendarios: el occidental,** que se utiliza en todo el mundo, y el imperial. El calendario imperial se reinicia con la muerte de cada emperador.

223. **El emperador recibe un nombre póstumo que describe su reinado. El verdadero nombre del emperador Meiji era Mutsuhito.** Se le llamó Meiji, que significa «gobierno iluminado», solo después de su muerte.

224. **Uno de los nuevos inventos que fascinó a Japón fue el tren a vapor.** Estados Unidos regaló a los japoneses un tren a vapor en miniatura y **los japoneses hicieron ingeniería** inversa para comprender la tecnología.

225. **Bajo el gobierno del emperador Meiji, muchas ideas extranjeras, como la introducción de estilos de ropa occidentales**, se incorporaron a la cultura japonesa.

Periodo Taisho
(1912-1926)

El **periodo Taisho fue una época de grandes cambios en Japón. Fue testigo de un auge económico, un gran terremoto y avances en la educación.** He aquí veinte datos interesantes sobre esta atractiva época.

226. **El periodo Taisho comenzó en 1912 y terminó en 1926.**

227. **El emperador Taisho (Yoshihito) fue el 123° emperador de Japón. Yoshihito** tenía cierto grado de discapacidad mental. Poderosos personajes, en su mayoría de antiguas familias samuráis, gobernaron en su nombre.

228. **Durante los primeros años del período Taisho**, Japón experimentó un gran auge económico con un aumento de la producción y el consumo en todas las industrias y clases sociales.

229. **En 1914 comenzó la Primera Guerra Mundial. Japón se unió a los aliados y libró una serie de pequeñas batallas contra las fuerzas alemanas en China y el Pacífico**. Al final de la Primera Guerra Mundial, Japón recibió el control de muchos territorios alemanes en China y el Pacífico.

230. **Aumentaron las publicaciones, películas, emisiones de radio y las grabaciones musicales**, que introdujeron la cultura occidental en la vida cotidiana japonesa.

231. **Más personas tuvieron acceso a la educación, lo que llevó a una mayor conciencia de los derechos civiles entre los ciudadanos**, incluidos los movimientos de derechos de la mujer como las campañas de sufragio para la representación política y los movimientos obreros para mejorar las condiciones de trabajo.

232. **El gobierno promulgó varias leyes, como las de educación obligatoria, que ampliaron las oportunidades educativas**, haciéndolas accesibles incluso a quienes procedían de estratos socioeconómicos más bajos.

233. **En 1916 se celebraron las primeras elecciones nacionales, que permitieron a los ciudadanos votar a sus representantes locales**. Las mujeres no podían votar en esa época.

234. En 1918, el béisbol era uno de los deportes más populares en Japón y su popularidad siguió creciendo a lo largo del siglo XX.

235. **En 1923, un terremoto conocido como el gran terremoto de Kanto sacudió Tokio, matando a más de 100.000 personas**. El número de muertos fue tan elevado porque gran parte de Tokio estaba construida con madera y el fuego destruyó gran parte de la ciudad.

236. **El año 1923 fue testigo de un auge del nacionalismo, que llevó al apoyo popular de la expansión militar en Asia y otras regiones**. Este nacionalismo creció hasta convertirse en un tipo único de fascismo a mediados de la década de 1930.

237. **En 1924 se aprobó la Ley Electoral General,** que permitía el derecho al voto a todos los hombres mayores de veinticinco años, independientemente de su patrimonio o condición social.

238. Japón ingresó en la Sociedad de las Naciones en 1920. **El objetivo principal de esta organización era el mantenimiento de la paz internacional**, pero fracasó por muchas razones. Japón se retiró en 1933, después de que la organización condenara su anexión de Manchuria.

239. **Tanto en Japón como en Estados Unidos, los militares comenzaron a planificar lo que consideraban una guerra inevitable entre ambos países. Japón se estaba expandiendo hacia China**, aliado estadounidense, y hacia el Pacífico. Estados Unidos tenía territorios en todo el Pacífico, incluida la colonia de Filipinas.

240. **En el acuerdo de paz firmado con Rusia, Japón había anexado territorios rusos en el sur de Manchuria**, incluida la industrializada península de Kwantung en la costa. Más tarde, este fue el punto de partida para la invasión japonesa del resto de Manchuria en la década de 1930.

241. **El periodo también trajo consigo la cultura Taisho, que incluía movimientos artísticos como el *shin-hanga* y la literatura,** incluyendo novelas de ficción y *tankas* o poemas de autores de renombre como Jun'ichiro Tanizaki.

242. **En la década de 1920, Japón, como muchos otros países del mundo, experimentó una invasión de la cultura estadounidense, que incluía películas, ropa, deportes, danza y muchas otras cosas.** A muchos les encantaron las novedades que llegaban, pero a muchos no.

243. **Se produjo un crecimiento del consumismo, con un aumento de la producción de artículos, desde productos alimenticios hasta marcas de ropa. Japón también recibió importaciones de otras partes del mundo, especialmente de América y Europa.**

244. En 1926, **Japón se había convertido en una potencia industrial. El país producía automóviles,** refinaba acero e incluso hacía barcos para la exportación.

245. **Esta era terminó cuando el emperador Hirohito ascendió al trono, dando paso a la era Showa.**

Periodo Showa
(1926-1989)

El periodo Showa marcó una época de rápidos avances en Japón. Durante este periodo, Japón experimentó los altibajos de organizar los Juegos Olímpicos y las catástrofes naturales como los terremotos. Explore veinte datos interesantes sobre este fascinante periodo que dio forma a la sociedad japonesa durante generaciones.

246. **El periodo Showa comenzó en 1926, cuando el emperador Hirohito subió al trono, tras la muerte de su padre.**

247. **Fue una época de rápida industrialización y crecimiento económico para Japón,** con nuevas tecnologías que se utilizaron para desarrollar bienes como radios y automóviles.

248. **En 1931, Japón invadió Manchuria (en China), comenzando la Segunda Guerra Mundial en Asia** antes de que iniciara en Europa en 1939.

249. **Durante la Segunda Guerra Mundial, muchos japoneses lucharon en los campos de batalla de todo el mundo.** Algunos incluso se ofrecieron como voluntarios como pilotos suicidas, llamados kamikaze, durante las batallas entre 1944 y 1945.

250. **En 1945, Japón se rindió, poniendo fin a la Segunda Guerra Mundial. Las fuerzas aliadas ocuparon el país hasta 1952.**

251. **Durante este tiempo, se introdujo la democracia en Japón como parte de un amplio programa de reformas políticas impuesto por Estados Unidos.**

252. A finales de la década de 1950, **se produjo un enorme aumento de las manufacturas y las exportaciones japonesas**, lo que condujo a una mayor riqueza para muchas personas que vivían allí en ese momento.

253. **En esa época, la mayor parte de las manufacturas eran bienes de consumo pequeños y baratos.** En la década de 1960, Japón comenzó a producir productos manufactureros más pesados como automóviles, camiones y barcos.

254. **El milagro económico japonés comenzó en la década de 1960.** Japón alcanzó una de las tasas de crecimiento económico más altas de la historia mundial.

255. **Tokio acogió los Juegos Olímpicos de Verano de 1964, lo que supuso el regreso simbólico de Japón a la comunidad de las naciones tras su agresivo papel en la Segunda Guerra Mundial.**

256. En 1964, **un fuerte terremoto sacudió la prefectura de Niigata. El sismo causó una destrucción generalizada**, demoliendo más de 3.500 casas y afectando 11.000 más. Aunque el número de víctimas fue relativamente bajo, un tsunami provocado por el sismo afectó a las zonas costeras.

257. **Durante este periodo se produjeron importantes avances en ciencia y tecnología, y se concedieron premios Nobel a científicos japoneses por sus trabajos sobre el láser** (1985) y la superconductividad (1987).

258. En 1972, **el emperador Hirohito visitó China, lo que supuso un importante paso en la mejora de las relaciones entre ambos países tras la Segunda Guerra Mundial**. En 1975, Hirohito realizó una polémica visita a Estados Unidos, su principal enemigo durante la Segunda Guerra Mundial.

259. A finales de la década de 1970 **se produjo un aumento de la conciencia política entre los jóvenes, que pedían al gobierno más libertad** y un mayor control de sus propias vidas.

260. En 1982, **Sony, un gigante japonés, lanzó su primer reproductor de discos compactos,** marcando el comienzo de una nueva era en el consumo de música en todo el mundo.

261. **En 1985, los ferrocarriles nacionales japoneses fueron privatizados y divididos en varias compañías ferroviarias regionales,** lo que dio lugar a un sistema ferroviario nacional más eficiente.

262. **Japón cuenta desde hace décadas con uno de los sistemas ferroviarios más modernos del mundo** y desarrolló el primer «tren bala» del mundo en 1964.

263. **El periodo Showa terminó en 1989, cuando el emperador Hirohito falleció tras gobernar Japón durante sesenta y dos años.** Fue el mandato más largo de la historia de Japón.

264. **En este periodo nacieron algunas de las series de anime más queridas de Japón,** como *Astro Boy* (1963) **y** *Mobile Suit Gundam* (1979).

265. **En 1986, Nintendo lanzó su primera videoconsola doméstica, que se convirtió en un éxito instantáneo entre la gente de todo el mundo.**

Japón en la Segunda Guerra Mundial

En 1936, el poder en Japón estaba en manos de los militares. Generales y almirantes planearon una guerra de expansión por Asia y el Pacífico con el objetivo de formar un «anillo» alrededor de Japón, ampliar el control y la influencia japonesa y «proteger al país» de las influencias occidentales. Conozca veinte hechos interesantes sobre las acciones de Japón durante la Segunda Guerra Mundial.

266. **La invasión japonesa a China en 1936 marcó el inicio de la expansión militarista en Asia.**

267. **La guerra de Japón con China se intensificó con el incidente del puente Marco Polo, en 1937**, que desembocó en un conflicto a gran escala.

268. **En 1940, Japón se alió con la Alemania nazi y la Italia fascista, formando las Potencias del Eje.**

269. **Estados Unidos impuso un embargo a Japón, que incluía petróleo y acero**, en respuesta a sus acciones expansionistas en Asia. Enfrentado dificultades económicas debido al embargo, Japón comenzó a planear acciones militares en el Pacífico.

270. **El 7 de diciembre de 1941, Japón atacó por sorpresa la base naval estadounidense de Pearl Harbor**, lo que provocó la entrada de Estados Unidos en la Segunda Guerra Mundial.

271. **Aunque el ataque a Pearl Harbor fue una sorpresa, muchos políticos y militares importantes** de ambas naciones esperaban una guerra entre los dos países desde los años veinte.

272. **Durante la guerra, Japón se expandió rápidamente por Asia y el Pacífico, capturando territorios como Hong Kong, Singapur, Filipinas y las Indias Orientales Holandesas.**

273. **La batalla de Midway, en junio de 1942, fue un punto de inflexión en la guerra,** ya que detuvo el avance de Japón y debilitó sus fuerzas navales.

274. **Las fuerzas japonesas cometieron numerosos crímenes de guerra en China, como la masacre de Nankín y el uso de armas químicas.**

275. **Los aliados adoptaron una estrategia de «isla por isla»,** evitando las islas japonesas fuertemente fortificadas y capturando las de importancia estratégica.

276. En 1944, **Estados Unidos capturó las Islas Marianas**, ganando bases aéreas que permitieron a los soldados aliados lanzar bombardeos de largo alcance sobre Japón.

277. **Los pilotos kamikaze japoneses utilizaron ataques suicidas con aviones para infligir daños a los barcos aliados.**

278. **La batalla de Iwo Jima y la batalla de Okinawa fueron feroces conflictos que mostraron los desafíos de la invasión a las islas principales de Japón.** Ambas batallas pusieron de manifiesto la disposición de los japoneses a morir antes que rendirse. Aquellos que no murieron en acción, a menudo se suicidaban en cuevas fortificadas construidas en las islas.

279. **El 6 de agosto de 1945, Estados Unidos lanzó una bomba atómica sobre Hiroshima, provocando una devastación y una pérdida de vidas sin precedentes**. Tres días después, una segunda bomba atómica fue lanzada sobre Nagasaki, acelerando aún más la rendición de Japón.

280. El 15 de agosto de 1945, **el emperador Hirohito anunció la rendición de Japón, poniendo fin a la Segunda Guerra Mundial.**

281. **Hirohito hizo el anuncio por radio y fue la primera vez que su voz fue escuchada por la mayoría del pueblo japonés**. Tradicionalmente, la voz del emperador solo era escuchada por su familia, sus consejeros y en las reuniones gubernamentales.

282. **La ceremonia formal de rendición tuvo lugar a bordo del USS Missouri en la bahía de Tokio.** Las naciones aliadas celebraron el *V-J Day* (día de la victoria sobre Japón).

283. **Se celebró el Tribunal Militar Internacional para Extremo Oriente** (conocido como los juicios de Tokio) para procesar a los criminales de guerra japoneses.

284. **Aunque varios japoneses importantes, como el ex primer ministro Tojo y el general Yamashita,** fueron declarados culpables y ejecutados, muchos otros nunca fueron llevados ante la justicia.

285. **El Tratado de San Francisco de 1951 puso fin oficialmente a la guerra y permitió a Japón recuperar su soberanía**, marcando el inicio de su reconstrucción de posguerra.

Japón tras la Segunda Guerra Mundial

(1945-actualidad)

Desde 1945, **Japón ha disfrutado de un rápido crecimiento económico, avances tecnológicos y una mejora del nivel de vida**. Estos veinte hechos muestran cómo este desarrollo ha moldeado Japón hasta convertirlo en una de las economías globales más fuertes de la actualidad.

286. **Estados Unidos ocupó Japón entre 1945 y 1952,** periodo durante el cual se redactó una nueva constitución que incluía derechos civiles, como la libertad de expresión y la libertad de reunión.

287. **Durante este periodo, se permitió votar a las mujeres por primera vez en la historia de Japón.**

288. **El sintoísmo se separó de la política para promover la libertad religiosa entre los ciudadanos.** Durante las décadas de 1930 y 1940, el sintoísmo fue patrocinado y apoyado por el Estado, y la gente fue sutilmente obligada a asistir a los servicios sintoístas y donar dinero.

289. **Tras el fin de la ocupación estadounidense en 1952, Japón experimentó un rápido crecimiento económico.** Este periodo se conoce como el milagro económico japonés. Esto se debió en gran medida a los esfuerzos de industrialización liderados por **el primer ministro Ikeda Hayato** entre 1958 y 1964, que dieron lugar a una mejora del nivel de vida en todas las clases sociales.

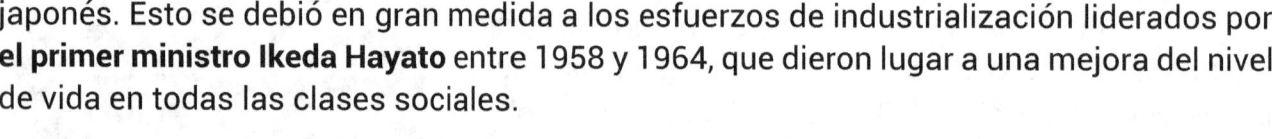

290. En 1970, **el novelista Yukio Mishima, venerado por su obra a pesar de ser una figura controvertida, consideró que Japón había abandonado su espíritu tradicional.** Angustiado por la occidentalización y anhelando un retorno a los valores de antes de la guerra, se quitó la vida en un dramático acto de protesta.

291. En 1972, **Japón recuperó el control de las islas Ryukyu, que incluían Okinawa, y se convirtió en miembro de las Naciones Unidas.**

292. **Japón acogió la Expo '85 para celebrar el aniversario de la primera Feria Mundial, celebrada en 1851.** A este acontecimiento se le atribuye una importante contribución al desarrollo de la moderna industria turística del país.

293. **Entre 1986 y 1991, Japón experimentó una burbuja en la que los precios de las acciones se dispararon por encima de sus valores reales**. Esta burbuja económica finalmente explotó, provocando una recesión durante la década de 1990.

294. **A finales de la década de 1990, la tecnología digital había mejorado todas las industrias**, lo que dio lugar a un aumento de las exportaciones mundiales de las empresas japonesas, incluyendo automóviles, videojuegos, bienes electrónicos y más.

295. **El Mundial de Fútbol de 2002 fue organizado conjuntamente por Corea del Sur y Japón.** Ambos países construyeron estadios e invirtieron importantes recursos en el evento, demostrando la fortaleza de sus economías.

296. **En 2008, Japón se convirtió en el primer país en enviar una misión no tripulada a la Luna desde 1976.**

297. **El terremoto y el tsunami de Tohoku** en 2011 **causaron una destrucción generalizada en el norte de la isla de Honshu,** provocando más de quince mil muertos y numerosas fusiones de reactores nucleares en la central nuclear de Fukushima Daiichi.

298. **En 1972, la ciudad septentrional de Sapporo acogió los Juegos Olímpicos de Invierno. Tokio fue seleccionada como sede de los Juegos Olímpicos de Verano de 2020**; era la segunda vez que la ciudad acogía **los Juegos de Verano** (la primera fueron las Olimpiadas de 1964).

299. **El 16 de junio de 2013, Abe Shinzo** (conocido en Occidente como Shinzo Abe) asumió el cargo e implementó políticas económicas conocidas como «*Abenomics*», que buscaban estimular una economía estancada a través del aumento del gasto público y la flexibilización cuantitativa, que implica bajas tasas de interés y un aumento de la oferta monetaria.

300. En 2019, **el emperador Naruhito subió al trono, iniciando la era Reiwa.** Su padre, Akihito, abdicó debido a su avanzada edad, marcando un cambio histórico en la monarquía japonesa.

301. En junio de 2020, **el gobierno japonés aprobó la estrategia de tecnología digital**, que buscaba promover la digitalización de la economía y crear nuevos puestos de trabajo dentro de la industria tecnológica a través de incentivos fiscales e inversiones en nuevas infraestructuras.

302. **En comparación con Estados Unidos, Japón presume de unos índices de criminalidad notablemente bajos.** No se sabe a ciencia cierta a qué se debe, pero probablemente tenga que ver con una fuerte cohesión social, una eficiente aplicación de la ley, un estricto control de armas y un énfasis cultural en el respeto y la conformidad.

303. **La floreciente cultura juvenil japonesa, expresada a través de vibrantes tendencias de moda y subculturas únicas**, se considera a menudo una rebelión contra la tradición.

304. **Japón consume aproximadamente el 80 % del atún rojo del mundo**. El precio del mejor atún rojo puede variar mucho en función de factores como el tamaño, la calidad y el lugar de la subasta. En enero de 2023, la puja ganadora por un atún rojo de 212 kilos alcanzó unos 275.000 dólares, lo que se traduce en unos 1.300 dólares por kilo o 2.866 dólares por libra.

305. **Aunque en gran medida ausentes de la vida cotidiana, los kimonos siguen adornando a las mujeres japonesas en ocasiones especiales. Novias, graduadas y dolientes se los ponen para actos formales**, mientras que las ceremonias del té, las actuaciones y los festivales ofrecen destellos de tradición.

La Constitución japonesa de 1947

La Constitución japonesa de 1947 es un documento que ha tenido un inmenso impacto en la nación desde su promulgación. Este capítulo explora la impresionante historia y el duradero legado de este importante documento.

306. **La Constitución japonesa se redactó en 1947 para sustituir a la anterior Constitución Meiji de 1889.**

307. **Su armazón fue redactado en gran medida por un oficial estadounidense llamado Courtney Whitney y su equipo,** que trabajaban a las órdenes del general Douglas MacArthur.

308. **La Constitución japonesa es considerada una de las más pacifistas debido a su artículo 9**, que renuncia a la guerra y prohíbe a Japón tener una fuerza militar permanente o participar en cualquier guerra que no sea con fines de autodefensa.

309. **El artículo 9 sigue intacto hasta hoy en día. Se ha enfrentado a críticas a lo largo de los años, especialmente durante la guerra contra el terrorismo,** cuando Japón fue criticado por su falta de implicación militar.

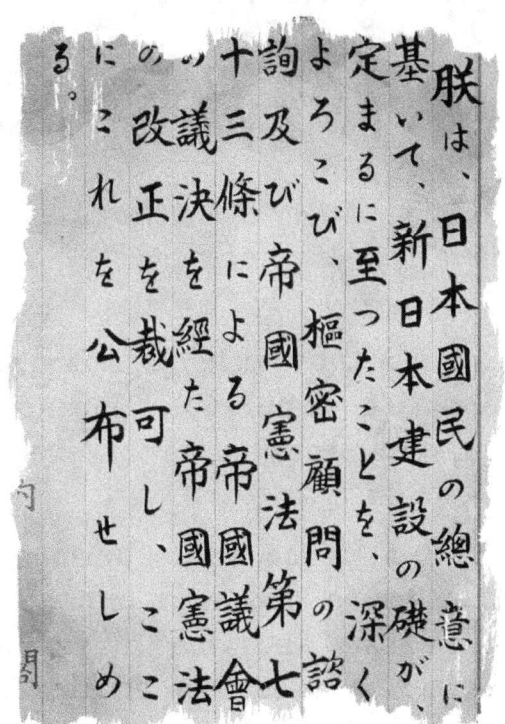

310. **El primer ministro Abe Shinzo intentó modificar la redacción del artículo 9 en 2015,** pero fracasó debido a la fuerte oposición de algunos partidos políticos.

311. **El artículo sigue siendo motivo de orgullo para muchos japoneses**, que lo consideran un símbolo de su compromiso con la paz y los derechos humanos.

312. **Muchos señalan la protección militar estadounidense para explicar que no se necesita un gran gasto militar,** aunque los japoneses comenzaron recientemente un refuerzo militar para contrarrestar el peligro de China.

313. **La Constitución japonesa garantiza los derechos humanos fundamentales de todos los ciudadanos,** como la libertad de expresión, religión y reunión, así como la igualdad ante la ley, independientemente de la raza o el sexo.

314. **La Constitución introdujo una forma parlamentaria de gobierno, con una cámara baja elegida** (la dieta) que tiene un poder significativo sobre las leyes y los presupuestos, al tiempo que otorga más autonomía a los gobiernos locales con esfuerzos de descentralización.

315. **Otras características notables de la Constitución japonesa son la separación entre religión y Estado,** la prohibición de la discriminación por nacimiento o posición social y el derecho de las personas a trabajar sin explotación ni intimidación por parte de los empresarios.

316. **La Constitución japonesa nunca ha sido modificada desde su promulgación, a pesar de los numerosos intentos realizados a lo largo de los años.** Se requiere una mayoría de dos tercios para cualquier enmienda.

317. **Ha habido varios intentos de enmendar la Constitución japonesa a lo largo de los años,** pero todos han fracasado debido a la insuficiente aprobación de ambas cámaras de la dieta y a las luchas políticas internas entre los diferentes partidos.

318. **La Constitución japonesa ha sido utilizada como modelo para muchos países** que pretenden construir sus propias constituciones, entre ellos Corea del Sur.

319. **Los estudiosos sugieren que la Constitución japonesa de posguerra,** que concedió más libertades al pueblo en relación al periodo anterior a la Segunda Guerra Mundial, promovió el crecimiento económico y la estabilidad.

320. **La Constitución japonesa es una de las constituciones de posguerra más duraderas.**

El milagro económico japonés de la década de 1950 en adelante

La década de 1950 marcó un periodo de grandes cambios en Japón, ya que el país pasó de tener una economía basada en la agricultura a convertirse en una de las naciones industrializadas más poderosas del mundo. **En este capítulo, se exploran veinte datos interesantes sobre el milagro económico de Japón.**

321. **Después de la Segunda Guerra Mundial,** Japón estaba en ruinas y enfrentaba dificultades económicas extremas.

322. **El gobierno japonés, con ayuda de Estados Unidos,** se esforzó por reconstruir la economía a partir de 1950 con una estrategia de crecimiento orientada a la exportación. **Este fue el comienzo de lo que hoy se conoce en la historia japonesa** como el milagro económico.

323. **Este periodo marcó la transición de Japón, que pasó de depender principalmente de la agricultura** a convertirse en una de las naciones industrializadas más poderosas del mundo en 1970.

324. En 1953, **Japón firmó un acuerdo comercial con Estados Unidos** que incrementó significativamente las exportaciones y generó más oportunidades de inversión, dentro del país y en el extranjero.

325. **En 1960, la producción de acero se había cuadruplicado en relación con 1950, cuando apenas alcanzaba los cinco millones de toneladas anuales.**

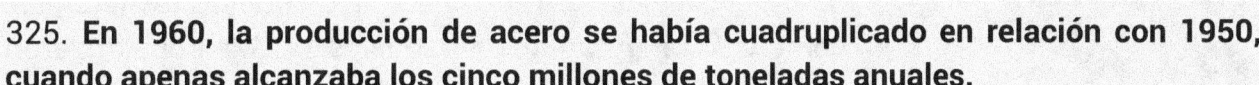

326. **En 1966, Japón se convirtió en uno de los 31 miembros originales del Banco Asiático de Desarrollo (BAD)**, contribuyendo a proporcionar fondos para proyectos industriales a gran escala e impulsando aún más su milagro económico.

327. **A principios de la década de 1960, Japón comenzó a levantar algunas de las restricciones de posguerra a la inversión extranjera.** También creó una política interna que dirigió y fomentó la expansión económica durante la década siguiente.

328. **En 1965, las empresas japonesas tenían una presencia importante en los mercados mundiales,** con alrededor de una cuarta parte de todas las exportaciones procedentes de Japón.

329. **La década de 1970 marcó un impulso aún mayor para el desarrollo tecnológico mediante la introducción de nuevos productos**, como televisores a color, cámaras digitales y videograbadoras para los consumidores internacionales.

330. **El auge de la industria japonesa de la energía nuclear comenzó en la década de 1950, impulsada por las necesidades económicas y el temor a la posguerra.** Los avances pacíficos en el marco del Tratado de No Proliferación aceleraron la investigación y la construcción de centrales,

convirtiendo a Japón en líder mundial en la década de 1970. Sin embargo, **el desastre de Fukushima de 2011 cambió drásticamente el panorama**, dejando muchos reactores fuera de servicio y el futuro de la industria en duda.

331. **La absorción** en 1975 **de las bolsas de Osaka y Nagoya por la bolsa de Tokio cimentó el estatus de Japón como potencia financiera mundial** y no solo regional.

332. **Durante este periodo se iniciaron proyectos de fabricación a gran escala, como el complejo petroquímico de la ciudad de Kawasaki y la planta de Nissan en Zama**, donde la producción de automóviles aumentó drásticamente.

333. En 1980, **los fabricantes japoneses de automóviles fabricaban autos tanto en Japón como en Estados Unidos.**

334. **En la década de 1980 aparecieron nuevas tecnologías, como los computadores personales**, que se popularizaron rápidamente entre los japoneses.

335. **En 1985, se firmó el Acuerdo Plaza con otros líderes mundiales que permitió que la moneda japonesa**, el yen, fuera apreciada como el dólar estadounidense y las monedas europeas, impulsando las exportaciones.

336. **En 1990, Japón se había convertido en una de las economías más poderosas del mundo**, contribuyendo con más del 10 % al PIB (producto interno bruto) mundial.

337. **En 1992, la mejora de los trenes bala impulsó aún más la productividad al permitir a la gente viajar más rápido entre ciudades como Tokio y Osaka** durante las horas pico, a velocidades de hasta trescientos kilómetros por hora.

338. **La década del 2000 fue testigo de la aparición de tecnologías digitales como los teléfonos inteligentes, las tabletas y los computadores portátiles**, lo que permitió a los ciudadanos japoneses acceder a modernos dispositivos de comunicación.

339. **En la actualidad, Japón es una gran potencia económica de Asia y el mundo,** con una de las tasas de PIB per cápita más altas del mundo.

340. **Desde 1975, la comida y la cultura japonesas han explotado en todo el mundo. El anime, el manga y los videojuegos despertaron el interés por el estilo de vida japonés.** El sushi, el ramen y otros sabores únicos cautivan las papilas gustativas, mientras que las tendencias de la cultura pop alimentan la fascinación por la moda, la música y el diseño japoneses.

Crisis del petróleo en Japón
(1973)

La crisis del petróleo japonesa supuso para el país una subida vertiginosa de los precios del crudo. Explore esta crisis a través de veinte datos interesantes sobre **los cambios económicos, políticos y sociales de Japón.**

341. **En 1973, la crisis del petróleo japonesa comenzó cuando los miembros árabes de la Organización de Países Exportadores de Petróleo (OPEP)** decidieron limitar severamente las exportaciones de petróleo a Japón en protesta por su apoyo a Israel durante una guerra en Oriente Medio.

342. **El embargo de petróleo por parte de la OPEP hizo que los precios se dispararan y los suministros se agotaron rápidamente en todo Japón.** Japón casi no produce petróleo por sí mismo y debe importarlo.

343. **Para hacer frente a esta crisis, Japón empezó a racionar la gasolina y otros combustibles, limitando los horarios comerciales para que se consumiera menos energía.** Además, se fomentó el uso compartido del auto y se pidió a la gente que no condujera salvo para viajes imprescindibles, como ir al trabajo o a la escuela.

344. **El primer ministro Tanaka Kakuei Tanaka pidió a los ciudadanos que ahorraran energía en 1974**, lo que provocó muchos cambios, como el cierre temprano de las estaciones de tren y el apagado del alumbrado público después de medianoche.

345. **Durante este periodo, se produjo un aumento de las bicicletas analógicas y eléctricas en todo Japón.**

346. **En 1974, el gobierno japonés aprobó una ley que permitía a las empresas fabricar automóviles con motores más pequeños, que pasaron a conocerse como autos «*kei*».** Estos coches consumen menos combustible que los modelos normales. **El primer Honda exportado a EE. UU., el N600**, lograba entre treinta y seis y cuarenta millas por galón, algo asombroso para la época.

347. **La crisis provocó un aumento en el desarrollo de fuentes alternativas de energía**, incluidas las centrales solares, geotérmicas y nucleares.

348. **Dado que Japón se había vuelto tan dependiente del petróleo de los países de la OPEP**, se vio obligado a buscar diferentes proveedores, como Australia, México y Canadá, que podían proporcionar a los japoneses crudo a precios más bajos.

349. **Durante esta crisis, se puso un mayor énfasis en la investigación de fuentes de energía renovables**, como la eólica y la undimotriz, junto con otras formas de tecnología energética limpia, como los vehículos de hidrógeno.

350. **Muchas personas adoptaron métodos tradicionales de transporte durante esta época,** como los barcos de tracción humana para la pesca o el transporte de mercancías a través de rutas fluviales, en lugar de utilizar barcos motorizados propulsados por combustibles fósiles.

351. **Japón respondió a la crisis del petróleo con esfuerzos inmediatos de conservación, diversificación de las fuentes de energía y almacenamiento**. Las estrategias a largo plazo incluyeron la reestructuración industrial, los avances tecnológicos y los esfuerzos diplomáticos, que en última instancia condujeron a una economía más resistente y eficiente desde el punto de vista energético.

352. **Durante esta época, se puso un mayor énfasis en el reciclaje de materiales** y se animó a los ciudadanos a crear compostajes para sus jardines y hogares.

353. **La crisis energética puso de manifiesto la continua dependencia de Japón de Estados Unidos**. Aunque Estados Unidos también se vio afectado por las acciones de la OPEP, las fuerzas navales estadounidenses garantizaron la apertura de las rutas marítimas en Medio Oriente, lo que permitió que el petróleo fluyera hacia Japón y otros lugares.

354. **Durante la crisis del petróleo japonesa se produjeron grandes avances en materia de transporte público, como la creación de redes ferroviarias eficientes** que pueden transportar pasajeros con rapidez y eficacia a pesar de disponer de recursos limitados debido a la escasez de combustible.

355. **Tras el fin del embargo de petróleo, en 1974**, los precios se estabilizaron lentamente, pero no alcanzaron los niveles anteriores a la crisis hasta 1978.

356. **Además de las cuestiones culturales y geográficas, los japoneses empezaron a fabricar aún más autos para exportar a Estados Unidos.** Estos autos superaron con creces a los modelos estadounidenses en su eficiencia de millas por galón durante décadas.

357. **Tras esta crisis, se animó a los ciudadanos japoneses a utilizar una iluminación más eficiente,** las bombillas LED en lugar de las incandescentes tradicionales, y a comprar autos más eficientes en combustible en lugar de los que consumían mucho.

358. **El gobierno japonés aumentó su apuesta por la energía nuclear tras la crisis del petróleo de la OPEP de los años setenta**. La crisis puso de manifiesto la fuerte dependencia energética de Japón respecto del petróleo importado, lo que generó preocupación por la seguridad energética.

359. **Tras la crisis del petróleo, Japón se embarcó en un programa para ampliar su capacidad de energía nuclear**. Esto llevó a la construcción de varias centrales nucleares en los años posteriores a **la crisis de la OPEP**.

360. **Debido a su experiencia con esta crisis del petróleo, muchas empresas japonesas siguen invirtiendo y desarrollando nuevas fuentes de energía**, como pilas de combustible, paneles solares, turbinas eólicas y otras tecnologías ecológicas.

La burbuja económica de los años ochenta

Este capítulo explora los acontecimientos de la burbuja económica japonesa, desde su comienzo hasta su final y su impacto en la actualidad. Descubra veinte datos interesantes sobre la vida durante esos cinco años.

361. **En la década de 1980, Japón experimentó un periodo de crecimiento económico que ahora se conoce como la burbuja económica.** Este periodo fue impulsado por bancos y empresas que concedieron grandes préstamos, lo que elevó los precios de las acciones e hizo que el valor de las propiedades subiera rápidamente.

362. **Durante esta época, los ciudadanos japoneses tenían más dinero que nunca para gastar en cosas como electrónica o artículos de lujo**. Eran algunas de las personas más ricas del mundo.

363. **En 1989, la economía japonesa representaba más del 17 % de todo el PIB mundial.**

364. **Como había tantas inversiones en diferentes industrias, las empresas japonesas** expandieron sus productos por todo el mundo. Automóviles como **Honda y Toyota** se hicieron populares en todas partes.

365. **Durante la burbuja económica, el valor de las propiedades en Tokio era significativamente superior al de las de Nueva York.** Tokio experimentó una burbuja inmobiliaria caracterizada por la subida vertiginosa de los precios de los inmuebles y la especulación excesiva.

366. **En su punto álgido, el valor de algunos inmuebles de primera categoría de Tokio,** como los terrenos del Palacio Imperial, superaba el valor de todos los inmuebles de California.

367. **Los ciudadanos japoneses empezaron a invertir cada vez más en activos como acciones, bienes inmuebles y arte, lo que hizo que los precios de estos artículos se dispararan.** Estas inversiones no se basaban en la salud o la solidez de las empresas. La gente quería «hacerse rica rápidamente».

368. **El gobierno invirtió mucho dinero en proyectos de obras públicas durante esta época**, lo que impulsó aún más la economía.

369. **Para seguir el ritmo del rápido crecimiento, las empresas tuvieron que endeudarse más,** lo que las hizo vulnerables al decrecimiento o al colapso de la burbuja económica, que terminó sucediendo.

370. **En 1990, el crecimiento económico de Japón se estaba ralentizando significativamente**. Los precios de las acciones empezaron a caer y el valor de las propiedades disminuyó rápidamente.

371. **Millones de personas perdieron los ahorros de toda su vida**. Muchos de ellos perdieron grandes fortunas.

372. **Muchas empresas fueron incapaces de devolver sus préstamos,** lo que llevó a los bancos y otras instituciones financieras a afrontar graves pérdidas y a enfrentarse a la quiebra.

373. **Con tanta incertidumbre económica, la gente empezó a ahorrar en lugar de gastar**, lo que provocó que los niveles de consumo descendieran drásticamente.

374. **Cuando la economía empezó a recuperarse, los bancos y las empresas** tuvieron que cambiar sus políticas para garantizar inversiones fueran más seguras.

375. **El gobierno japonés implementó regulaciones más estrictas sobre los préstamos** y dificultó la expansión rápida de las empresas, evitando que se produjera otra «burbuja económica».

376. A pesar de todo, en 1996 **la economía japonesa estaba empezando a crecer lentamente,** aunque llevó tiempo y no benefició a muchas personas hasta mucho más tarde.

377. **Uno de los signos del colapso de la economía fue el aumento de personas sin hogar**, especialmente ancianos, algunos de los cuales perdieron sus pensiones de repente.

378. **Utilizaban las estaciones de metro de Tokio para dormir durante la noche** y en las primeras horas de la mañana, cuando había poca gente.

379. **Aunque todavía se debate si podría producirse o no otra «burbuja económica» en Japón,** los expertos coinciden en que cualquier crecimiento económico futuro debe ser sostenible y evitar inversiones arriesgadas como las que se vieron durante este periodo.

380. **Para conmemorar el trigésimo aniversario del final de la era de burbuja económica** (en 2021), muchos museos de todo Japón organizaron exposiciones y eventos para educar a la gente sobre lo ocurrido.

La década perdida de Japón
(los noventa)

Este capítulo explora la crisis económica que asoló Japón en la década de 1990, también conocida como la década perdida. Descubra veinte datos interesantes sobre este periodo, incluidas las principales causas de esta recesión.

381. **Durante la década perdida de Japón, la economía general del país se estancó.** Comenzó en 1991 y duró aproximadamente hasta 2001.

382. **En 1989, las acciones japonesas alcanzaron su máximo histórico con 38.915 puntos en** el índice **Nikkei Stock** Average (el principal mercado de valores de Japón).

383. En 1992, **el Nikkei había caído hasta los 14.309 puntos,** casi dos tercios menos que su máximo tres años antes.

384. **El desplome de los precios inmobiliarios, provocado sobre todo por la imposibilidad de devolver los préstamos debido a los precios inflados,** fue una de las causas clave de esta recesión económica en Japón.

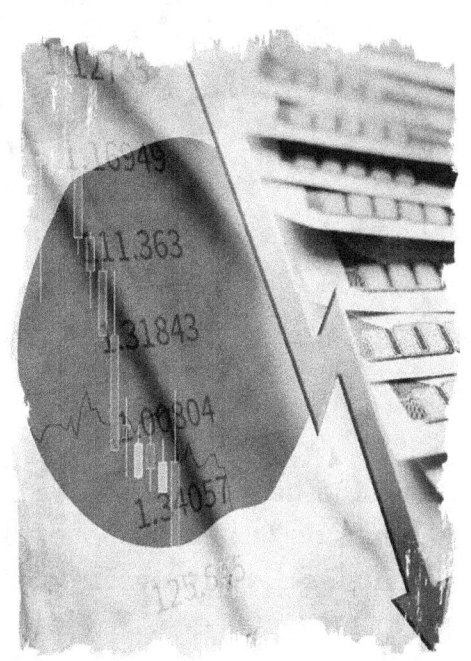

385. **Los bancos también se vieron afectados por los préstamos dudosos que habían concedido durante la burbuja inmobiliaria japonesa,** que estalló en 1991, lo que provocó un aumento de los índices de morosidad (préstamos que no se devolvían).

386. **Esta recesión provocó desempleo masivo,** con millones de personas que perdieron su trabajo solo entre 1993 y 1995.

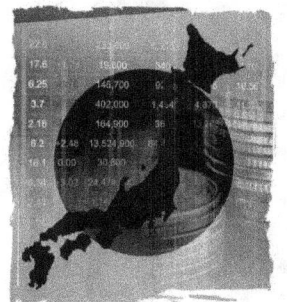

387. **Una de las decisiones difíciles que tuvieron que tomar las grandes empresas en ese momento fue la de cambiar el empleo vitalicio que los trabajadores tenían prácticamente garantizado.** Desgraciadamente, la mayoría de las personas «despedidas» eran trabajadores de más edad que tenían más dificultades para encontrar otro empleo.

388. **A pesar de estos esfuerzos, el desarrollo del PIB en Japón siguió siendo negativo** entre 1992 y 1997 y solo volvió a ser positivo en 1998.

389. **Los prósperos años ochenta de Japón dieron paso a la dura realidad de la década perdida**. El declive económico sumió a mucha gente en la pobreza, la pérdida de empleos y el estancamiento salarial empeoraron el nivel de vida.

390. **Durante este periodo, muchas empresas japonesas tuvieron que reestructurarse o quebraron** debido a la disminución de la demanda de sus bienes y servicios, lo que provocó despidos masivos.

391. **Para mejorar la economía, el banco central de Japón redujo las tasas de interés para animar a la gente a pedir préstamos e invertir** en grandes y pequeñas empresas. Esto estimuló nuevas inversiones y más gasto de los consumidores, llevando finalmente a Japón de nuevo a la senda de la prosperidad.

392. **Algunas de las reformas aplicadas durante este periodo incluyeron la liberalización de los mercados y la reducción de impuestos** para crear un entorno propicio a la inversión extranjera.

393. **En la década perdida se produjo un gran aumento de la deuda pública debido al gasto gubernamental en proyectos de infraestructura**, que alcanzó más del 200 % del PIB en 2011 (en comparación con alrededor del 60 % antes de 1990).

394. **A pesar de todos estos problemas, hay quien sostiene que Japón se benefició de su década perdida**, ya que la situación obligó al país a replantearse su forma de hacer negocios e idear nuevos métodos de trabajo para competir a nivel mundial.

395. **Muchas empresas japonesas se hicieron más fuertes que antes tras este difícil periodo**. La necesidad de sortear las dificultades económicas condujo a mayor eficiencia, estrategias empresariales innovadoras y una mayor atención a la competitividad global. **Estos cambios ayudaron a algunas empresas a ser más ágiles**, innovadoras y competitivas a nivel internacional.

396. **Algunos ejemplos destacados de empresas que lograron sortear con éxito los retos de este periodo son Sony y Honda**, que todavía hoy ocupan posiciones sólidas en todo el mundo.

397. **En la década de 1990, se puso un mayor énfasis en la educación** y un mayor número de estudiantes buscaba oportunidades de educación superior en el extranjero después de graduarse en la escuela secundaria.

398. **Como resultado de la década perdida, muchas grandes empresas**, que anteriormente garantizaban el empleo de por vida con pensiones, comenzaron a poner fin a estas políticas. Esta medida afectó sobre todo a los trabajadores de más edad, que constituían una gran parte de las personas sin hogar.

399. **Los ancianos que podían mudarse con sus hijos lo hacían**, marcando un gran cambio en la cultura japonesa.

400. Un acontecimiento importante que ocurrió en Japón en la década de 1990 fue un atentado terrorista. El 20 de marzo de 1995, la **secta Aum Shinrikyo lanzó un ataque terrorista con gas en el metro de Tokio**, matando a veintisiete personas e hiriendo a miles. Los atentados conmocionaron a la nación y al mundo.

Expansión económica
(2000-actualidad)

Este capítulo explora la historia de la expansión económica de Japón desde el año 2000 hasta la actualidad. Conozca veinte datos interesantes sobre la política «Abenomics» del **primer ministro Shinzo Abe** y su impacto en las inversiones en empresas.

401. En el año 2000, **la economía japonesa empezaba a recuperarse** de una recesión que duraba ya una década, pero su tasa de crecimiento del PIB se situaba en torno al 1,7 %.

402. En 2006, **la economía japonesa había crecido más de un 4 %** y las exportaciones alcanzaron un máximo histórico de 637.000 millones de dólares.

403. En 2009, **Japón experimentó un fuerte descenso de la actividad económica** debido a la crisis financiera mundial, sufriendo sus dos peores trimestres desde la Segunda Guerra Mundial. Sin embargo, se recuperó rápidamente en 2010 con un fuerte crecimiento de las exportaciones y un aumento del gasto de los consumidores impulsado por las medidas de estímulo del gobierno.

404. **A partir de 2011, el primer ministro Shinzo Abe puso en marcha su política «Abenomics»,** que buscaba impulsar el crecimiento económico sostenible a largo plazo a través de radicales programas de flexibilización monetaria y reforma fiscal.

405. Como resultado de esta política, en 2010, **el PIB de Japón aumentó casi un 10 % con respecto al año anterior.**

406. **En 2020, Tokio acogió los Juegos Olímpicos de Verano**, lo que supuso un gran impulso para el turismo y las inversiones en empresas locales.

407. En 2015, **la economía de Japón experimentó un breve período de deflación, ya que los precios cayeron debido a la disminución del precio del petróleo y las materias primas.** Sin embargo, esto se invirtió rápidamente en 2016, cuando la inflación volvió a ser positiva por primera vez desde 2013.

408. En 2018, **el gobierno del primer ministro Shinzo Abe subió el impuesto nacional sobre las ventas del 8 % al 10 %.** Esto perjudicó el consumo, pero redujo la deuda pública.

409. **En Japón, la participación laboral femenina ha aumentado en los últimos veinte años.** Las mujeres representan ahora alrededor del 50 % de todos los trabajadores. Un porcentaje mucho menor ocupa puestos directivos.

410. **En 2021, las exportaciones en Japón crecieron más de un 6 % y alcanzaron los 911.000 millones de dólares desde 1991.**

411. **Japón se ha convertido en líder en el desarrollo de tecnologías innovadoras como la robótica, la inteligencia artificial (IA) y los vehículos autónomos**.

Su gobierno está invirtiendo fuertemente en investigación y desarrollo para garantizar que el país se mantenga a la vanguardia cuando se trata de innovación.

412. **Uno de los problemas a los que se enfrenta Japón es el envejecimiento de su población activa.** La tasa de natalidad japonesa lleva décadas descendiendo y la población activa es cada vez más vieja, lo que ha llevado a algunos a pedir que se suavicen las restricciones a la inmigración. Los más conservadores creen que esto debilitará la cultura única de Japón.

413. **Japón ha conseguido mantener la inflación bajo control, incluso tras la pandemia de Covid, a diferencia de otras naciones como EE. UU.**, que han experimentado aumentos en la tasa de inflación.

414. **El yen japonés es una moneda fuerte en Asia con un cambio estable,** lo que permite la estabilidad interna y las inversiones internacionales en Japón.

415. **Japón es la tercera economía más grande del mundo** (a partir de 2023) y ha mantenido constantemente un alto nivel de crecimiento económico desde el año 2000. **Esto ha permitido a Japón convertirse en un actor global cada vez más importante en términos de comercio, finanzas y diplomacia** (esta cifra no incluye a la UE, pero cuenta los países europeos por separado).

416. Las empresas japonesas han crecido en todo el mundo, operan en más de cien países y crean puestos de trabajo en el extranjero, al tiempo que aumentan el nivel de vida y los ingresos de los japoneses.

417. La tecnología y la experiencia en ingeniería de Japón lo convierten en un lugar atractivo para invertir en proyectos de infraestructura como puentes, carreteras y puertos, que contribuyen al crecimiento económico en el país y en el resto del mundo.

418. Una preocupación para la economía japonesa es el aumento del presupuesto para el ejército japonés, que ha aumentado en los últimos años a medida que aumentan las tensiones con China por las islas y territorios oceánicos en disputa.

419. Desde 2020, **Japón estableció varios tratados de libre comercio (TLC) con socios comerciales clave como Estados Unidos, Canadá y China**. Esto ha permitido la importación libre de aranceles de bienes, lo que apoya a las empresas en Japón y en el extranjero.

420. **Shinzo Abe dejó el cargo de primer ministro en 2020, pero siguió siendo un referente en la política japonesa.** Fue asesinado el 8 de julio de 2022 mientras hacía campaña por un aliado político.

Relaciones internacionales
(2000-actualidad)

Las relaciones internacionales de Japón han sido complejas y polifacéticas a lo largo de los años. Este capítulo explora veinte hechos interesantes sobre la relación de esta nación con países como Corea del Norte, Corea del Sur, China, Estados Unidos, India y Rusia.

421. **En el 2000, Japón y Corea del Norte firmaron la Declaración de Pyongyang**, por la que ambos países se comprometían mantener relaciones pacíficas. Sin embargo, desde entonces, **Corea del Norte ha desarrollado armas nucleares** y misiles de tecnología avanzada que pueden amenazar a Japón. Las relaciones entre ambas naciones en 2023 no son muy buenas.

422. En 2002, **el primer ministro japonés Koizumi visitó China para mejorar las relaciones chino-japonesas.** Esto supuso un gran paso en la política exterior de ambos países, pero desde entonces las relaciones entre ambos países han empeorado.

423. En 2004, **se celebró una cumbre entre Corea del Sur y Japón en la que ambas naciones acordaron varios temas**, como intercambios educativos, proyectos de cooperación cultural e iniciativas de colaboración económica.

424. **Japón sigue siendo tratado con recelo por Corea del Sur**, que sufrió mucho durante la ocupación japonesa (1910-1945).

425. **Uno de los principales problemas entre Japón y Corea tiene que ver con la esclavitud sexual de las mujeres coreanas por parte de las tropas japonesas durante la Segunda Guerra Mundial**, que también es un problema con China.

426. **En 2008, el primer ministro japonés, Taro Aso, tomó medidas para mejorar las relaciones con otros países asiáticos.** Incluso entabló conversaciones de paz con Corea del Norte a pesar de que otras naciones, como Estados Unidos y Corea del Sur, no estaban de acuerdo.

427. **El año 2010 marcó la primera visita de un presidente chino, Hu Jintao, a Japón**, un paso significativo en la mejora de los lazos entre ambas naciones.

428. Desde 2021, **Japón ha aumentado el tamaño y la eficacia de su ejército en respuesta a las amenazas regionales.**

429. **El primer ministro Naoto Kan dimitió en 2011 y un nuevo primer ministro, Yoshihiko Noda,** intentó mejorar las relaciones con China mediante conversaciones sobre las disputadas islas Senkaku. En 2024, las islas siguen siendo un punto de discordia entre ambas naciones. **En China se conocen como islas Diaoyu.**

430. **En 2012, el presidente chino, Xi Jinping, visitó Tokio.** Este encuentro tenía como objetivo fortalecer la

relación bilateral chino-japonesa mediante la firma de acuerdos relativos al comercio, la cooperación energética y los intercambios culturales.

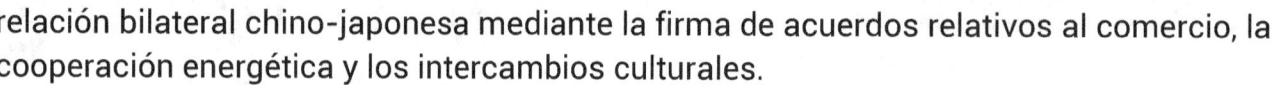

431. **El año 2014 trajo consigo otro cambio de liderazgo después de que Shinzo Abe ganara las elecciones**, convirtiéndose de nuevo en primer ministro tras un paréntesis de cinco años. Prometió reforzar la seguridad y las relaciones internacionales de Japón.

432. **En 2015, EE. UU. presionó a Japón para que cambiara su política de no enviar militares al extranjero**, ya que el aumento de los compromisos estadounidenses en todo el mundo estaba pasando factura.

433. En 2016, **el primer ministro indio, Narendra Modi, visitó Tokio.** Ambos países llegaron a acuerdos en materia económica, como la inversión de 35.000 millones de dólares en ciencia y tecnología a lo largo de cinco años.

434. **El año 2017 marcó el sexagésimo aniversario de los lazos diplomáticos entre Corea del Sur y Japón.** Se dedicaron muchos esfuerzos a mejorar las relaciones bilaterales, lo que se tradujo en un acuerdo sobre la cuestión de las mujeres de solaz durante la cumbre de ese año (las mujeres de solaz eran las secuestradas en Corea y otras naciones durante la Segunda Guerra Mundial y obligadas a convertirse en objetos sexuales de las tropas japonesas).

435. **El año 2018 estuvo marcado por la visita de Shinzo Abe a China** con el objetivo de promover un mejor entendimiento entre ambas naciones a través de una mayor colaboración comercial y proyectos de desarrollo.

436. Actualmente**, muchos países asiáticos se molestan cuando los primeros ministros japoneses visitan el santuario de Yasukuni en Tokio, un memorial de guerra**. Allí están enterrados muchos criminales de guerra condenados y acusados, por lo que honrarlos con una visita oficial insulta a muchos de los vecinos de Japón.

437. **En 2020, Shinzo Abe tuvo que dejar su cargo de primer ministro por problemas de salud. Abe había intentado establecer mejores relaciones con Corea del Sur y China**. En 2022, Abe fue asesinado por un enfermo mental que culpó al ex primer ministro de la muerte de su madre.

438. **En 2021, Joe Biden fue elegido presidente de Estados Unidos**. Celebró una cumbre con el líder japonés para hablar de acuerdos comerciales, contener a Corea del Norte y reducir las emisiones de carbono.

439. **En agosto de 2023, el presidente estadounidense Biden recibió a los líderes de Japón y Corea del Sur en Camp David para mantener conversaciones durante días,** principalmente sobre las crecientes amenazas de China y Corea del Norte.

440. En 2022 y 2023, **Japón se embarcó en un gran despliegue de defensa para contrarrestar la influencia y el poderío de China en Oriente**. Este fue el mayor aumento de la defensa japonesa desde antes de la Segunda Guerra Mundial.

Cambios culturales
(2000-actualidad)

Descubra los asombrosos cambios culturales en Japón entre el 2000 y el 2023 con este capítulo. Estos veinte datos interesantes aclaran cómo se ha transformado la sociedad japonesa desde la década de 2000.

441. **En el año 2000, Japón comenzó a abrirse a los trabajadores extranjeros** y a importar más productos de otros países.

442. **A lo largo de los años 90 y principios de los 2000, el uso y la infraestructura de internet se extendieron en Japón,** primero en las grandes ciudades y después en el resto del país.

443. En 2004, **se aprobó una nueva ley que permite a las mujeres conservar su apellido tras el matrimonio** en lugar de adoptar el apellido del marido.

444. **La música japonesa se ha visto influenciada por diferentes estilos internacionales,** como el hip-hop, el rock y la EDM (música electrónica de baile).

445. Alrededor de 2006, **se produjo un aumento de las comidas en restaurantes** en lugar de cocinar en casa debido al ajetreado estilo de vida de los jóvenes.

446. **Aunque las tendencias de la moda están muy influenciadas por la cultura occidental,** lo que ha dado lugar a una forma de vestir más informal, Japón tiene una cultura única de alta costura. **La cultura *kawaii* (cultura «mona») es una tendencia japonesa con un poco de influencia occidental.**

447. **En 2009, los teléfonos móviles se habían convertido en una importante herramienta de comunicación,** y los mensajes de texto y las aplicaciones de redes sociales eran muy populares.

448. A partir de 2010, **se ha producido un aumento de las personas que viven solas debido a que los adultos jóvenes tardan más en casarse o en formar una familia que las generaciones anteriores.**

449. **Varios adultos jóvenes siguen viviendo con sus padres, ya que los precios de la vivienda son muy elevados.**

450. En 2012, **Japón comenzó a legalizar las uniones entre personas del mismo sexo en algunas ciudades,** facilitando a las parejas LGBTQ+ el reconocimiento legal de sus relaciones. Sin embargo, a partir de 2023, **el matrimonio entre personas del mismo sexo no está reconocido** y estas parejas no disfrutan de la mayoría de las protecciones legales y financieras que las parejas «tradicionales».

451. Desde 2013, **la cultura japonesa ha experimentado un pequeño aumento en la aceptación de la diversidad, con programas de televisión que presentan elencos racialmente diversos.** Es importante recordar que alrededor del 98 % de la población de Japón, de 126 millones de personas, es de etnia japonesa.

452. **Muchos festivales tradicionales han experimentado cambios,** como la introducción de luces LED junto a decoraciones más tradicionales durante las celebraciones de Año Nuevo.

453. En 2014, **se lanzó Pokémon Go, lo que provocó un mayor interés por los juegos de realidad aumentada,** así como un crecimiento del número de personas que salen a explorar sus ciudades.

454. **Muchos japoneses siguen interesados en la artesanía tradicional, como la caligrafía, el origami y la cerámica.** Tanto las generaciones mayores como las más jóvenes disfrutan de estas artesanías.

455. En 2011, **Japón sufrió el terremoto y el tsunami de Tohoku, que causaron una devastación masiva en la ciudad de Sendai y sus alrededores.** Además, el terremoto causó un tsunami masivo que mató a miles de personas.

456. **El sismo y el maremoto provocaron un fallo en la central nuclear de Fukushima Daichi** y propagaron niveles mortales de radiación por toda la región, que desde entonces se encuentra en gran parte cerrada.

457. **El terremoto y el tsunami costaron miles de millones, cobraron veinte mil vidas** y desencadenaron un debate sobre la energía nuclear en Japón que continúa hoy en día.

458. **En la última década, se ha hecho más hincapié en la concienciación sobre la salud mental**, con la introducción de iniciativas como el **Día de la Salud Mental** en escuelas y lugares de trabajo.

459. **El agotamiento es muy frecuente entre los profesionales urbanos**, que muchas veces trabajan literalmente hasta la muerte prematura o el suicidio por las expectativas sociales.

460. **En Japón sigue existiendo una gran diferencia salarial entre hombres y mujeres**, aunque en los últimos años han aumentado los esfuerzos para cambiar esta situación.

461. **Desde principios de la década de 2000, cada vez más jugadores de béisbol japoneses triunfan en el béisbol estadounidense**. Con el paso de los años están consiguiendo una base de aficionados cada vez mayor.

462. **En junio de 2023 se aprobó una ley que promueve la comprensión de las personas LGBTQ+, pero no prohíbe directamente la discriminación**. Anima a entidades gubernamentales, empresas y escuelas a esforzarse por comprender y evitar la discriminación injusta, pero carece de mecanismos concretos de aplicación.

463. **La última tendencia en Japón se dirige hacia prácticas de vida respetuosas con el medio ambiente. En Japón han aumentado los hábitos sostenibles entre los consumidores**, como la reducción de residuos mediante el reciclaje, la reutilización y el compostaje.

464. **Japón se comprometió a luchar contra el cambio climático adhiriéndose al Acuerdo de París en 2016,** que busca reducir las emisiones de gases de efecto invernadero.

465. Se calcula que en 2024 **la población de Tokio rondará los treinta y siete millones de habitantes,** lo que la convierte en una de las ciudades más pobladas del mundo. También es una de las ciudades más densamente pobladas de la Tierra, con más de seis mil personas por kilómetro cuadrado.

Entretenimiento japonés

Desde finales de la década de 1950, las películas japonesas y los programas de televisión y animación han tenido una enorme repercusión en todo el mundo. Desde Godzilla hasta la asombrosa popularidad del anime, personas de todo el mundo han llegado a conocer mejor la cultura japonesa. He aquí una lista de quince hitos importantes en la historia del entretenimiento japonés desde la década de 1950.

466. *Rashomon* (1950): **Dirigida por Akira Kurosawa,** esta película introdujo el concepto de narración poco fiable en el cine mundial.

467. *Los siete samuráis* (1954): **Otra obra maestra de Akira Kurosawa**, esta épica película de samuráis ha influido en innumerables películas occidentales, como *Los siete magníficos*.

468. *Godzilla* (1954): **La película original del *kaiju* dirigida por Ishiro Honda** introdujo en el mundo al icónico monstruo y dio lugar a una larga franquicia.

469. *Iron Chef* (1993-1999): **Este concurso de cocina** se convirtió en un culto e inspiró adaptaciones y series derivadas en todo el mundo.

470. *Neon Genesis Evangelion* (1995-1996): **Una serie de anime que redefinió el género mecha y exploró temas psicológicos y filosóficos.**

471. *Pokémon* (1997-presente): **El fenómeno global que comenzó como una serie de anime** y se expandió a videojuegos, cartas coleccionables y mucho más.

472. *Battle Royale* (2000): **Una polémica película que inspiró *Los juegos del hambre*,** explorando el concepto de niños forzados a participar en juegos mortales.

473. *El viaje de Chihiro* (2001): **Una película de anime de Hayao Miyazaki** aclamada por la crítica que ganó un premio de la Academia, llevando la animación japonesa a la atención internacional.

474. *Terrace House* (2012-2020): **Un programa de telerrealidad que ofrece una visión única de la cultura y la dinámica social japonesas.**

475. *Attack on Titan* (2013-2021): Una serie de anime moderno que ganó popularidad internacional por su intensa narración y animación.

476. **Akira Kurosawa** (1910-1998): **Cineasta japonés pionero que dirigió una amplia gama de películas influyentes**. Sus obras exploran a menudo temas relacionados con la naturaleza humana y la moralidad. Las películas de Kurosawa han tenido un profundo impacto en el cine mundial, influyendo en directores como George Lucas y Martin Scorsese.

477. **Toshiro Mifune** (1920-1997): Aclamado actor japonés conocido por sus colaboraciones con el director **Akira Kurosawa**. Sus dinámicas interpretaciones en películas como *Los siete samuráis y Yojimbo* **contribuyeron a popularizar el cine de samuráis en todo el mundo.** Mifune fue respetado por otros actores, directores y críticos de todo el mundo y protagonizó la miniserie estadounidense *Shogun*, basada en el *best-seller*, en 1980.

478. En 2003, **Tom Cruise protagonizó** *El último samurái,* **basada en una historia real que tuvo lugar durante la Restauración Meiji** (aunque el héroe en la vida real era francés, no estadounidense).

479. **En 2024, el canal FX emitió una nueva versión de** *Shogun*, contado desde una perspectiva más japonesa que la miniserie anterior. Es una de las miniseries más caras de la historia y tardó casi diez años en realizarse.

480. En 2021, **Godzilla se enfrentó a King Kong en la película** *Godzilla contra King Kong*. Fue tal el éxito que está previsto el estreno de una secuela en 2024.

Famosos japoneses

Al igual que Estados Unidos, Japón tiene una cultura de celebridades. Las pantallas, las redes sociales, los programas de televisión y otros medios informan al público de los logros y las vidas de sus celebridades mediáticas y estrellas del deporte favoritas. Estas son algunas de las estrellas del cine, la televisión y el deporte más conocidas de los últimos años en Japón.

481. **Hidetoshi Nakata es un reputado futbolista que se hizo famoso por su excepcional habilidad en el centro del campo**. Jugó en varios de los mejores clubes europeos y representó a Japón en varios Mundiales.

482. **Ichiro Suzuki causó un gran impacto tanto en el béisbol japonés como en las Grandes Ligas estadounidenses.** Fue conocido por sus excepcionales habilidades de bateo, velocidad y juego de campo, lo que le valió numerosos elogios y récords.

483. **Hikaru Utada es una destacada cantautora que alcanzó gran fama con su música J-pop y R&B.** Sus álbumes se convirtieron en éxitos de ventas y es una de las artistas musicales de más éxito de Japón. Algunos reconocen su trabajo en la serie de videojuegos *Kingdom Hearts*.

484. **Takeshi Kitano, también conocido como «Beat Takeshi», es una figura polifacética**. Es un cómico, actor, cineasta y artista conocido por su particular estilo de humor y sus películas de éxito internacional.

485. **Kazushi Sakuraba alcanzó la fama como artista marcial mixto y luchador profesional.** Se convirtió en una leyenda del **campeonato japonés PRIDE Fighting Championships** y es conocido por su innovador estilo de lucha y sus memorables combates.

486. **Yoko Shimomura es una compositora de renombre en la industria de los videojuegos.** Es famosa por crear bandas sonoras memorables para juegos como la serie *Kingdom Hearts* y *Final Fantasy XV*.

487. **Shigeru Miyamoto es un legendario diseñador de videojuegos y creador de franquicias icónicas como** *Super Mario*, *La leyenda de Zelda y Donkey Kong*. Su trabajo revolucionó la industria del videojuego.

488. **Naomi Kawase obtuvo reconocimiento internacional por su estilo cinematográfico único y personal**. Es conocida por explorar en sus películas temas como la familia, la naturaleza y las conexiones humanas.

489. **Ayumi Hamasaki es un icono del pop, a menudo conocida como la «Emperatriz del J-pop».** Ha logrado un inmenso éxito con su música. Cuenta con numerosos singles en las listas de éxitos y una base de fanáticos entregados.

490. Kohei Uchimura es un célebre gimnasta artístico que dominó este deporte durante su carrera. Ganó varias medallas de oro en los Juegos Olímpicos y en campeonatos del mundo, demostrando una habilidad excepcional con varios aparatos.

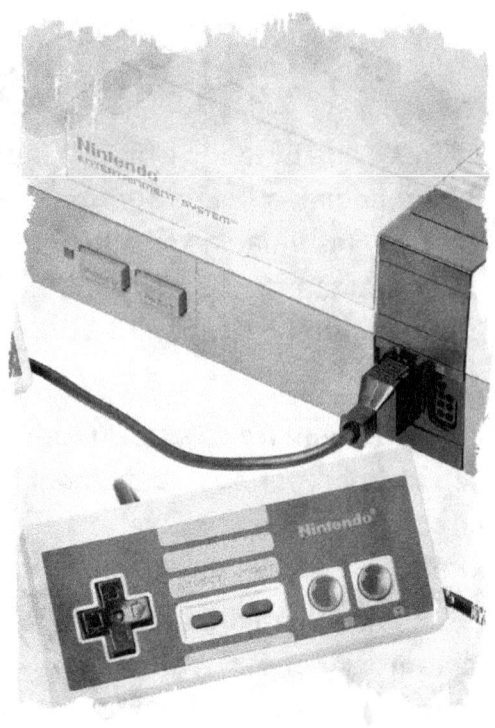

491. **Yuzuru Hanyu es una sensación del patinaje artístico, conocido por su destreza técnica y sus actuaciones artísticas**. Ha ganado múltiples medallas de oro olímpicas y tiene varios récords en patinaje individual masculino.

492. **Kosuke Kitajima es un nadador retirado, conocido por sus logros en las pruebas de brazo**. Ganó múltiples medallas de oro olímpicas y estableció récords mundiales, dejando un impacto duradero en la natación japonesa.

493. **Ai Sugiyama fue una tenista de primer nivel, que obtuvo reconocimiento por sus constantes actuaciones tanto en individuales como en dobles.** Representó a Japón en numerosos torneos de Grand Slam.

494. **Takashi Murakami es un artista contemporáneo conocido por sus obras de arte vibrantes inspiradas en el pop.** Se le atribuye la difuminación de los límites entre el arte y la cultura comercial.

495. **Masahiro Sakurai es un desarrollador de videojuegos y el creador de la serie *Super Smash Bros*.** Sus innovadores juegos de lucha se han hecho populares entre los jugadores de todo el mundo.

496. **Ryuichi Sakamoto es un músico y compositor pionero conocido por su música electrónica y experimental.** También es un compositor de cine y ganador de un Oscar.

497. **Koji Yakusho es un respetado actor, conocido por sus versátiles papeles en el cine japonés.** Ha aparecido en una amplia gama de películas, tanto nacionales como internacionales.

498. **Hiromi Uehara, a menudo conocida simplemente como Hiromi, es una pianista y compositora de jazz con un estilo virtuoso que fusiona diversas influencias musicales.**

499. **Kimiko Date fue una tenista pionera que se convirtió en la primera jugadora japonesa en alcanzar los cinco primeros puestos de la clasificación individual de la Asociación de Tenis Femenino** (WTA, por sus siglas en inglés), inspirando a una nueva generación de tenistas.

500. **Takanohana Koji fue un luchador de sumo que alcanzó el prestigioso título de *yokozuna*.** Fue conocido por sus actuaciones dominantes y su contribución a la popularidad de este deporte.

Conclusión

Este libro exploró la historia de Japón, desde sus orígenes prehistóricos hasta nuestros días. A lo largo del camino, se ve **cómo las diferentes dinastías y épocas** dieron forma a la sociedad japonesa tal y como existe hoy en día.

Desde la introducción del cultivo del arroz húmedo, en **el periodo Yayoi**, hasta **la Restauración Meiji**, que abrió Japón a la democracia de estilo occidental, cada periodo trajo consigo cambios económicos, culturales, políticos e internacionales únicos.

Aprender historia permite conocer y comprender mejor el mundo tal y como existe hoy en día. Le animamos a consultar la bibliografía presentada para aprender aún más sobre **la historia de Japón.**

Mira otro libro de la serie

Fuentes y referencias adicionales

1. May, Julian. *La prehistoria de Japón*. Routledge, 2019.

2. Takakia, Kazuo. *Japón prehistórico: Nuevas perspectivas de las islas de Asia Oriental.* U of Hawaii P, 2008.

3. Miller, Laura. *Religiones en Japón: Budismo, shintoísmo, cristianismo*. Japan Society, 1989.

4. Brown, Delmer M., e Ichirō Ishida, eds. *La historia de Cambridge de Japón*. Vol. 1, Ancient Japan. The Cambridge UP, 1993.

5. Qiu, Jenny. «Periodo Yayoi». Encyclopedia Britannica, Encyclopedia Britannica, Inc., 9 feb. 2018, www.britannica.com/topic/Yayoi-period.

6. Chisholm, Kate. «Periodo Kofun». Enciclopedia Británica. 08 de septiembre de 2020. https://www.britannica.com/event/Kofun-period-Japanese-history.

7. «Constitución de los diecisiete artículos». Encyclopedia Britannica, Encyclopedia Britannica, Inc., 16 jul. 2015, https://www.britannica.com/topic/Seventeen-Article-Constitution.

8. «Período Asuka». Artes, Enciclopedia Británica, https://www.britannica.com/topic/Asuka-period.

9. «El período Nara». Enciclopedia Británica, https://www.britannica.com /event/Nara-period.

10. Hayashi, Miki. «Periodo Heian (794-1185): Historia y cultura japonesas». Britannica.com, The Encyclopedia Britannica, Inc., 28 ago. 2020, www.britannica.com/topic/Heian-period.

11. «Teatro *noh*». Encyclopedia Britannica, www.britannica.com/art/Noh-theater.

12. «Periodo Kamakura». Enciclopedia Británica, www.britannica.com/topic/ Kamakura-period.

13. Tsuzi, Atta. *Historia de Japón*. Infobase Publishing, 2007.

14. Carrington, Hereward. *Atlas histórico y cultural de Japón*. Facts on File, 2007.

15. Plath, David W. *La sociedad japonesa en el cambio de siglo*. University of California Press, 1995.

16. Kakutani, Michio. Cultura *zen*. Vintage Books, 1980.

17. Ushio, Shinobu. *Cultura japonesa.* A Short History. Routledge, 2014.

18. Gordon, Andrew. «El Japón de los Tokugawa». Encyclopedia Britannica, Encyclopedia Britannica, Inc., www.britannica.com/place/Japan/Tokugawa-Japan-1603-1868.

19. Gordon, Andrew. «*Sakoku*». Encyclopedia Britannica, Enciclopedia Britannica, Inc., www.britannica.com/topic/sakoku.

20. «*Kabuki*, teatro tradicional de Japón». Encyclopedia Britannica, Enciclopedia Britannica, Inc., www.britannica.com/art/kabuki.

21. Gordon, Andrew. «EL Japón de Tokugawa». Encyclopedia Britannica, Encyclopedia Britannica, Inc., www.britannica.com/place/Japan/Tokugawa-Japan-1603-1868.

22. «Restauración Meiji», Enciclopedia de Historia Mundial, diciembre de 2017, https://www.worldhistory.org/Meiji_Restoration/.

23. «Período Meiji: Desarrollo económico», Enciclopedia Británica, https://www.britannica.com/place/Japan/Meiji-period-1868-1912-economic-development.

24. «Primera guerra chino-japonesa (1894-95)», Enciclopedia Británica, https://www.britannica.com/event/First-Sino-Japanese-War-1894-95.

25. «Guerra Ruso-Japonesa (1904-05)», Enciclopedia Británica, https://www.britannica.com/event/Russo-Japanese-War.

26. «Sufragio femenino en Japón». Wikipedia, Wikimedia Foundation, 27 feb. 2021, en.wikipedia.org/wiki/Women%27s_suffrage_in_Japan.

27. «Abenomics», Wikipedia, Wikimedia Foundation, 7 mar. 2021, en.wikipedia.org/wiki/Abenomics.

28. «Constitución Meiji». Encyclopedia Britannica, consultado el 12 de mayo de 2021, https://www.britannica.com/topic/Meiji-Constitution.

29. «Primer ministro Junichiro Koizumi». Britannica, Encyclopedia Britannica, Inc., 21 mar. 2018, www.britannica.com/biography/Junichiro-Koizumi.

30. Charles D. Anderson. «Shinzo Abe». Britannica, Encyclopedia Britannica, Inc., 22 de mayo de 2020, www.britannica.com/biography/Shinzo-Abe.

31. Oshiro Kanda. «Yasuo Fukuda». Britannica, Encyclopedia Britannica, Inc., 18 dic. 2020, www.britannica.com/biography/Yasuo-Fukuda.

32. «Yoshihiko Noda». Britannica, Encyclopedia Britannica, Inc., 18 dic. 2020, www.britannica.com/biography/Yoshihiko-Noda.